十四五

职业教育课程改革精品教

"互联网+教育"新形态教

U0690144

心理健康与职业生涯

微课版

主　编　罗正前　扈桂才

副主编　王光华　陈治坪　宋乐平

　　　　罗明生　宋骁翠　吴　超

中国原子能出版社

China Atomic Energy Press

图书在版编目(CIP)数据

心理健康与职业生涯 / 罗正前,扈桂才主编. —— 北京:中国原子能出版社,2021.5(2023.1重印)

ISBN 978-7-5221-1351-7

Ⅰ. ①心… Ⅱ. ①罗… ②扈… Ⅲ. ①心理教育-健康教育-中等专业学校-教材②职业选择-中等专业学校-教材 Ⅳ. ①G444②G717.38

中国版本图书馆 CIP 数据核字(2021)第 089884 号

心理健康与职业生涯

出版发行	中国原子能出版社(北京市海淀区阜成路 43 号　100048)
责任编辑	蒋焱兰　刘　佳
责任印制	赵　明
印　　刷	河北宝昌佳彩印刷有限公司
发　　行	全国新华书店
开　　本	787mm×1092mm　1/16
印　　张	9.75
字　　数	205 千字
版　　次	2021 年 5 月第 1 版　　2023 年 1 月第 2 次印刷
书　　号	ISBN 978-7-5221-1351-7
定　　价	58.00 元

网址:http://www.aep.com.cn　　　　E-mail:atomep123@126.com

前　言

　　"心理健康与职业生涯"是中等职业学校思想政治课程之一,其课程目标是引导学生树立心理健康意识,掌握心理调适和职业生涯规划的方法,帮助学生正确处理生活、学习、成长和求职就业中遇到的问题,培育自立自强、敬业乐群的心理品质和自尊自信、理性平和、积极向上的良好心态,根据社会发展需要和学生心理特点进行职业生涯指导,为职业生涯发展奠定基础。

　　本书共设计了六个单元,包括"时代导航　生涯筑梦""认识自我　健康成长""立足专业谋划发展""和谐交往　快乐生活""学会学习　终身受益""规划生涯　放飞理想"等18课内容。

　　编写特色体现如下。

1. 体系完整

　　本书根据当前中职生的认知发展特点,在全面落实《中等职业学校思想政治课程标准(2020年版)》的课程理念、教学原则、方式方法等各项要求的基础上,构建了主要框架体系。

2. 栏目丰富

　　本书设置了丰富的栏目,包括"学习目标""引入案例""智慧之光""拓展阅读""案例分享""课堂讨论""课后实践"等。"学习目标"指出了每个单元学习的方向;"引入案例"主要通过情景导入激发学生学习的兴趣;"智慧之光"选取了名人名言和十九大报告;"拓展阅读"为了延伸相关的阅读知识;"案例分享"精心挑选了学生身边的典型案例或故事;"课堂讨论"引导学生在课堂中讨论,加深对知识的理解;"课后实践"设置了多种形式的实践活动,有利于学生在实践中理解所学知识,同时提高实践技能。

3. 科学实用

　　为了贴近中职生的学习能力,本书尽量以通俗易懂的语言,对相关概念及基本知识进行阐述;为了便于学生阅读和理解,增加学习趣味,设置了精美的图片和表格,具有较强的科学性和实用性。

　　由于时间和水平有限,书中不足之处在所难免,欢迎广大读者不吝批评指正,便于今后修订和完善。

编　者

目　录

第一单元　时代导航　生涯筑梦

　　青年理想远大、信念坚定，是一个国家、一个民族无坚不摧的前进动力。青年志存高远，就能激发奋进潜力，青春岁月就不会像无舵之舟漂泊不定。今天，我国进入了全面建设中国特色社会主义的新时代。让我们跟随新时代的脚步，树立远大理想，确定职业生涯的航向，为自己的职业生涯发展导航，唱响无悔的青春之歌。

学习目标

　　认知：了解新时代下的发展机遇；理解职业理想对人生发展的引导作用；了解职业、职业生涯与职业生涯规划的相关概念；理解职业生涯规划的重要性。

　　态度：理解社会发展是实现人生梦想的客观环境，领会新时代为个人发展提供了广阔舞台，对个人素养提出了新要求，确立符合时代要求的职业理想；懂得职业生涯规划的过程也是促进个人成长的过程。

　　运用：树立正确的职业观、成才观，坚定专业学习的信心，为未来职业发展奠定基础。

引入案例 ▶▶▶

"中国制造2025"为我们的职业发展提供了怎样的舞台？

　　当前，世界经济和产业格局正处于大调整、大变革和大发展的新的历史时期。通过世界各国在应对国际金融危机正面的和反面的经验和教训深刻认识到，任何时候都不能放弃对实体经济发展的支持。应对国际金融危机，世界各国纷纷提出了重返制造业、振兴装备制造业等战略，也都出台了一系列的制造业发展战略与规划。2015年5月19日，国务院正式印发了《中国制造2025》，提出了新一代信息技术产业、高档数控机床和机器人、航空航天装备、海洋工程装备及高技术船舶、先进轨道交通装备、节能与新能源汽车、电力装备、农机装备、新材料、生物医药及高性能医疗器械等十大重点发展领域。

作为中国高端制造业水平的象征，先进轨道交通装备被纳入《中国制造2025》十大重点发展领域。在该政策推动下，城市轨道交通发展迅速，为城市轨道交通运营管理专业的中职生带来了更多的就业机会和良好的职业发展空间。

制造强国

2025年迈入制造强国行列

2035年制造业整体达到世界制造强国阵营中等水平

新中国成立一百年时制造业大国地位更加巩固综合实力进入世界制造强国前列

郑州城轨交通中等专业学校就业处处长张林颇为自豪地介绍，他们学校的学生根本不用发愁找工作，用人单位的需求量和毕业生数量大体是5：1的比例。学生就业率接近95%，毕业生分布在北京、上海、郑州轨道交通领域，很多学生还没毕业就已经被企业预定。据运营管理专业学生孙莹介绍，她还没毕业，就签了就业协议，毕业后一直在高铁上做乘务工作，很是得心应手。她认为，她这份理想的工作得益于当前的大环境，他们赶上了"黄金时代"。

（资料来源：郑州城轨交通中等专业学校官微。）

思考：结合所学专业，畅想一下未来要从事的职业？"中国制造2025"能够为该职业提供哪些机遇？

第一课　与时代同行

一、走进新时代

（一）"实现中华民族伟大复兴"的中国梦

2012年11月29日，在国家博物馆参观《复兴之路》展览时，习近平指出："我坚信，到中国共产党成立100年时全面建成小康社会的目标一定能实现，到新中国成立100年时建成富强、民主、文明、和谐的社会主义现代化

扫码阅读

国家的目标一定能实现，中华民族伟大复兴的梦想一定能实现。"中国梦是历史的、现实的，也是未来的；是我们这一代的，更是青年一代的。中华民族伟大复兴的中国梦终将在一代代青年的接力奋斗中变为现实。

（二）"两个一百年"奋斗目标

2012 年，党的十八大报告描绘了全面建成小康社会、加快推进社会主义现代化的宏伟蓝图，提出了"两个一百年"的奋斗目标。它和中国梦相辅相成，成为引领中华民族前行的时代号召。其中，第一个一百年是到中国共产党成立 100 年时（2021 年）全面建成小康社会，第二个一百年是到新中国成立 100 年时（2049 年）建成富强、民主、文明、和谐、美丽的社会主义现代化国家。

2017 年，党的十九大报告为实现"两个一百年"奋斗目标提供了行动指南。其中指出，在 2020 年全面建成小康社会、实现第一个百年奋斗目标的基础上，再奋斗 15 年，到 2035 年基本实现社会主义现代化。从 2035 年到 21 世纪中叶，在基本实现现代化的基础上，再奋斗 15 年，把我国建成富强民主文明和谐美丽的社会主义现代化强国。

课堂讨论

"两个一百年"奋斗目标既是中华民族的宏伟目标，也把每个人、每个家庭、各方面群众的愿望和利益结合起来了。为了实现这个目标，我们应做好哪些准备？

（三）《中国制造 2025》

经过几十年的快速发展，我国制造业规模跃居世界第一位。载人航天、载人深潜、大型飞机、北斗卫星导航、超级计算机、高铁装备、百万千瓦级发电装备、万米深海石油钻探设备等一批重大技术装备取得突破，形成了若干具有国际竞争力的优势产业和骨干企业，我国已具备了建设工业强国的基础和条件。但我国仍处于工业化进程中，与先进国家相比还有较大差距。存在制造业大而不强，自主创新能力弱，关键核心技术与高端装备对外依存度高，以企业为主体的制造业创新体系不完善等问题。

为此，中国政府统筹考虑我国制造业发展的国际国内环境和基础条件，根据加快转变经济发展方式和走新型工业化道路的总体要求，提出实施"三步走"战略，力争用三个十年的努力，实现制造强国的战略目标。

《中国制造 2025》是中国政府实施制造强国战略第一个十年的行动纲领。包括五大工程和十大领域。五大工程包括制造业创新中心建设工程、强化基础工程、智能制造工程、绿色制造工程和高端装备创新工程。十大领域包括新一代信息技术产业、高档数控机床和机器人、航空航天装备、海洋工程装备及高技术船舶、先进轨道交通装备、节能与新能源汽车、电力装备、农机装备、新材料、生物医药及高性能医疗器械等。

拓展阅读

感受"中国制造"的力量

经过改革开放 40 多年的发展，我国早已成为世界第一制造业大国。我们成了"世界工厂"，贴着"MADE IN CHINA"标签的产品在世界随处可见，大到汽车、电器制造，小到制笔、制鞋，国内许多产业的规模位居于世界前列。今天，中国的"天宫"遨游太空、高铁走出国门、5G 技术引领潮流、人工智能提供便捷生活……"中国制造"遍布世界，并向"中国质造"和"中国智造"挺进。

"我们的目标是星辰大海"

曾经寸步难行，如今步履不停。中国航空工业在逆境中不断创新发展，为国人送上一份又一份欣喜。他们从"嫦娥"探月，到国产大型无人机，再到一些武器装备方面的项目，都有参与。中国航空人在沧海横流中，浩荡前行。

大国底气从"核"来

从无到有，从小到大，如今的核工业，已建立完整的核科技工业体系。数十万核工业人自主研制原子弹、氢弹、核潜艇，建设了秦山核电站、华龙一号，等等，创造了无数个新中国的第一，从国之光荣到国家名片，我们向强核强国奋力前行。

这是 C919，这是青春的模样

一副机翼数千个控制点的反复修改，为了国产飞机的探索和创新；比头发丝更精细的零件反复雕磨，为了飞机制造的精益求精；2942 次天空的远征，为了十的负九次方的充分验证；大飞机宁夏支教团无数个日夜的山村驻扎，为了贫困儿童对知识的渴望与真诚……他们是中国大飞机青年，他们传承精神、无惧艰难、无畏挑战，他们用坚实的行动托起中国大飞机的明天。走好青春每一步，让 9000 颗青春的心在大飞机事业壮阔征程中绚丽绽放。

高铁是中国永不褪色的"金名片"

2007 年以前，我国没有一条高铁，而到 2016 年底，我国高铁里程已达 2．2 万公里以上。从无到有，震惊世界。"和谐号"正让中国越变越小，让"说走就走的旅行"越来越多。

如今，无论从科技层面，还是从效率层面，中国高铁的建设已经渐入佳境。在技术上，中国为应对复杂恶劣天气与地理环境，自主设计高寒动车组、防风沙动车组、耐高温高湿动车组。通过引进消化吸收再创新，中国高铁技术迅速进步。由中国南车研制的 CRH380A 车型，被认为是真正的自主创新，也是中国唯一能出口的高速动车组型号，并且通过了美国知识产权局专利鉴定。

从"跟跑"到超越，从超越到卓越，到如今以高标准屹立在世界舞台中央，中国高铁的成就来之不易，也令世人为之惊叹。这些年来，"和谐号"一直在不断更新换代，凭借着勇于探索、精益求精的工匠精神，中国高铁让"中国制造"逐步迈向了"中国智造"。

让中国发动机拥有"中国芯"

潍柴青年科技创新团队常年工作在"高温、高寒、高原"的严酷环境，建成全球规模最大、涵盖机型最多、试验环境最苛刻的发动机运行数据库。在商用车动力总成控制、国家排放升级控制等领域打破国外技术封锁，让中国发动机拥有"中国芯"。

世界最薄"手撕钢"

太钢集团不锈钢"手撕钢"创新研发团队历时两年，攻克 175 个设备难题、452 个工艺难题，经历 700 多次失败，突破了五大核心工艺技术，成功研制出世界首发宽幅最薄（0.02mm）的不锈钢箔材，达到国际领先水平。在此基础上，团队再度发力，成功开发出新一代 5G 高端电子用系列精密带材柔性屏钢，进一步推进 OLED 用掩模板基材国产化，为中国制造提供了高端基础材料。世上无难事，只要肯登攀。

如今，中国从发挥成本优势，承接全球制造业转移到自主研发、创新突破，由主要依赖人工到逐步实现自动化、数字化、智能化，中国制造创新能力不断增强，生产方式更加高效，产品质量加速提升。中国已经不再是那个只能批量生产他国创新产品的国家了，中国制造正在向中国创造转变，中国速度正在向中国质量转变，中国产品正在向中国品牌转变。

资料来源：新浪看点（2018 年 10 月 15 日）。

二、新时代提出的新要求

（一）新时代下的职业教育

职业教育是面向人人的教育，它要帮助每一个人，根据不同的情况、以不同的方式、向着不同的目标，获得职业生涯发展。在"两个一百年"奋斗目标下的经济转型升级推动下，社会需要大量高素质技术人才，职业教育迎来了发展的春天。在党和政府的高度重视与大力支持下，2019 年 1 月，国务院印发了《国家职业教育改革实施方案》（简称"职教 20 条"），突出显示了职业教育的重要地位。

现代职业教育借鉴"双元制"等模式，形成了产教融合、校企合作、开放办学的体制机制，以及德技并修、工学结合、手脑并用的育人模式，这使得职业教育毕业生在就业市场上供不应求。近年来，中职毕业生就业率已突破 95%，且就业质量逐年提升，职业教育已成为造就大国工匠的人才摇篮。

新时代是奋斗的时代，也是圆梦的时代。中职生除了可以直接就业外，还可以选择多种方式升学深造，如可通过"3＋2"培养模式直读高职，可通过参加国家级和省级技能大赛并获奖免试读高职，可参加普通高考、成人高考并进入大学深造等。

（二）新时代下的中职生

新时代是我国日益走近世界舞台中央，不断为人类做出更大贡献的时代；新时代迫切需要培养大批的知识型、技能型、创新型劳动者，服务社会主义现代化强国建设，引领未来人类文明的发展方向。因此，作为新时代学生，我们要从下列方面做起。

1．不断学习新知识

知识如汪洋大海，人类对知识的学习是永无止境的。新时代的人才，不仅要积极学习自身专业领域的知识，还应广泛涉猎专业相关的知识，以开阔自己的视野。

2．不断提升技能水平

再精密的部件都需要技工来制造，再先进的设备都需要技工来操控。社会主义是干出来的，新时代也是干出来的，新时代的人才应该明白"空谈误国，实干兴邦"，的道理，自觉传承劳动精神，脚踏实地学习技能，并不断提升技能水平。

3．培养创新精神

创新是引领发展的第一动力，在"大众创业，万众创新"的今天，人人都可以创新成才，也急需人人创新成才。面对各领域创新发展的共性需求，新时代的人才必须具备创新意识和创新思维，必须要有创新的勇气和决心。唯有与时俱进、开拓创新，才能不断开创国家各项事业的新局面。

总之，21世纪是一个丰富多彩、充满希望的时代，在这个高科技的时代，竞争会越来越激烈。单一型的人才已经不足以适应新需求，只有那些既有知识，又有技能，且具备创新意识的复合型人才才是当今社会所需要的。

三、新时代的职业理想

职业理想是人们对未来工作和从事职业的向往和追求。比如我们将来要成为一名技术能手、金牌导游、优秀的幼儿教师等，就属于职业理想。职业理想是人们在职业上依据社会要求和个人条件，借想象而确立的奋斗目标，即个人对未来职业的向往和追求。它是人们实现个人生活理想、道德理想和社会理想的手段，并受社会理想的制约。职业理想是人们对职业活动和职业成就的超前反映。杂交水稻之父袁隆平有两个心愿：一是把"超级杂交稻"

合成;二是让杂交稻走向世界。这两个心愿就是袁隆平的职业理想和奋斗目标。

(一) 职业理想对人生发展的作用

1. 有利于指导人生发展的方向

人生如浩瀚海洋中的航船,如果没有一个明确的目标,就会随波逐流,或触礁沉没,或搁浅沙滩。有了明确的目标就可扬帆远航。人生发展的目标是通过职业理想来确定的,有了职业理想就是为自己确定了人生发展的目标。

智慧之光

我们永不能触到,但我们可像航海者一样,借星光的位置而航行。

——史立兹

2. 有利于增强人生前进的动力

一个人只要树立了正确的职业理想,才能努力学习和工作,不断进取,就会在自己所从事的职业活动中产生无穷的力量,创造出无穷的业绩。无论顺境或逆境,都会时时、处处给人以激励,奋发向前,从而赢得壮丽的人生。

3. 有利于激励人生价值的实现

人生价值可以从多种角度来体现,包括自我价值和社会价值等。无论从哪一种角度体现人生价值,总要依托一定的职业,都需要职业理想的推动。

智慧之光

青年一代有理想、有本领、有担当,国家就有前途,民族就有希望。牢固树立共产主义远大理想和中国特色社会主义共同理想。

——十九大报告

(二) 职业理想对社会发展的作用

我们每个人都是社会这部大机器中的一个螺丝钉,这部机器的良好运转需要我们每一个人的努力,因此,我们每个人的职业发展都与社会发展密切相关。

1. 能够缓解就业现状。

树立职业理想可以提高劳动者的素质，从而解决我国结构性就业难的现状。也就是改变那种"许多人没事干，许多事没人干"的就业现实。

2. 能够造福人类

造福人类也是个人职业理想的最高追求。职业的形成与发展是人类社会发展的缩影，职业本身就是为协调社会生活、为发展社会而存在的，它的本质是从属于社会的，而不是从属个人的。在目前和相当长的一段时间内，职业还是人们谋生的手段，但树立了正确职业理想的人，总是能通过自身职业理想的实现造福人类，因而他们也受到人们的尊敬。

3. 有利于促进社会的进步

正确的职业理想能够让人发挥自己的特长，其潜能就会得到最大限度的发挥，在同样的劳动时间内比其不适应的职业效率高、贡献大；职业与适应其特殊需要的人相匹配，就能发挥出应有的社会功能。那些树立了正确的职业理想并实现了职业理想的人总是会推动社会的进步。

4. 有利于实现中国梦

中共中央总书记习近平同志在参观"复兴之路"展览时，提出了实现中华民族伟大复兴的中国梦，基本内涵是实现国家富强、民族振兴、人民幸福。实现中华民族伟大复兴，是近代以来中国人民最伟大的梦想。实现中国梦必须凝聚中国力量，也是亿万人民的事业。只有每个人都充满激情和梦想，"中国梦"才够美丽，才够坚实。作为中职生，我们要树立正确的价值观和人生观，以实现中国梦为己任。

智慧之光

中国梦是历史的、现实的，也是未来的；是我们这一代的，更是青年一代的。中华民族伟大复兴的中国梦终将在一代代青年的接力奋斗中变为现实。

——十九大报告

作为中职生，我们在人生的旅途上暂时失去了一次接受高等教育的机会，但并没有丧失成才的机会。如今一张文凭终身受用的时代已经过去，现代社会用人已不单单看文凭、学历，而更看重素质、能力和业绩。爱迪生没有上过大学，却成为拥有1000多项专利的著名发明家；爱因斯坦只上过一个工业专科学校，却创立了伟大的相对论。无数事实充分说明，人才的成长最终要在社会的伟大实践和自身的努力中来实现。一个人不论是否有文凭，也不论在什么岗位，只要有报国之心、学习之志，德技俱馨，有锲而不舍的创新精神，就一定能够成为对祖国、对人民有用的人才。

课后实践

与优秀模范人物对话

在我们身边有许多优秀的模范人物，他们可能是企业的管理者，也可能是车间的技术人员，他们都正在自己的岗位上发光发热。

请选择一位优秀从业者，与其进行一次深入对话，了解他的职业经历，体会他的人生之路。并根据访谈内容，写一篇访谈记录（800 字以上）。

第二课　职业生涯规划

一、职业

1. 职业的内涵

职业对于我们并不陌生，如教师、医生、厨师、司机、售票员、电工等。从概念来说，职业是指人们所从事的比较稳定的有合法收入的活动。

扫码阅读

职业由三个基本要素组成：一是有专门的分工；二是比较稳定，从事某种职业必须达到一定时间；三是有一定的合法收入。

课堂讨论

选择一个职业的目的是什么，仅仅是为了谋生吗？

职业的功能包括三方面：一是谋生的手段；二是为社会做贡献的岗位；三是帮助人们实现人生价值。三者密不可分，其中"谋生"是基础，"贡献"是过程，"价值"是结果。

2. 职业的特点

（1）稳定性

职业的稳定性是指某个职业的产生并不是基于社会某种临时性的需要，

每种职业都有较长的生命周期。

（2）专业性

每一种职业都有一定的技术含量和技术规范要求。常言道："隔行如隔山"，人们在从事某一职业之前，一般要接受特定的专业知识教育，并进行专门的技能或操作训练。随着经济社会的发展，职业对专业技术的要求越来越高。

智慧之光

人世间的美好梦想，只有通过诚实劳动才能实现；发展中的各种难题，只有通过诚实劳动才能破解；生命中的一切辉煌，只有通过诚实劳动才能铸就。

——习近平

（3）多样性

俗话所说的"三百六十行"在一定程度上反映了职业的多样性。随着社会分工越来越细，人们的生活需求越来越丰富，职业种类也越来越多，呈现出更加多样化的特点，这为我们规划自己的职业生涯提供了更为广阔的空间。

（4）技术性

技术性是指不同的职业在劳动内容、劳动方式、劳动手段等方面所具有的专业特点。例如，汽车修理工要有汽车构造等方面的知识，并具备汽车故障分析诊断与维修能力。

（5）时代性

职业的产生和演变与时代的发展和变化紧密相关。高科技时代催生了一批批新的职业，一些传统职业则不断被淘汰。这就要求我们顺应时代的要求，不断更新自己的知识，根据时代的变化调整自己的职业生涯规划。

3．职业的分类

社会中现有的职业能够依据一定的分类原则，采用一定的标准和方法，进行全面、系统的划分。2015 年，我国最新颁布的《中华人民共和国职业分类大典》，按照从业人员工作性质，将我国职业分为 8 个大类、75 个中类、434 个小类、1481 个职业。其中，8 个大类分别如下。

第一大类：党的机关、国家机关、群众团体和社会组织、企事业单位负责人，其中包括 6 个中类、15 个小类、23 个职业。

第二大类：专业技术人员，其中包括 11 个中类、120 个小类、451 个职业。该类别主要考量职业的专业化、社会化和国家化水平。

第三大类：办事人员和有关人员，其中包括 3 个中类、9 个小类、25 个职业。该类别强化其公共管理、企事业管理等领域行政业务、行政事务属性。

第四大类：社会生产服务和生活服务人员，包括 15 个中类、93 个小类、278 个职业。该职业分类特别关注新兴服务业的社会职业发展，主要按服务属性归并职业。

第五大类：农、林、牧、渔业生产及辅助人员，其中包括 6 个中类、24 个小类、52 个职业。

第六大类：生产制造及有关人员，其中包括 32 个中类、171 个小类、650 个职业。

第七大类：军人，其中包括 1 个中类、1 个小类、1 个细类。

第八大类：不便分类的其他从业人员，其中包括 1 个中类、1 个小类、1 个细类。

课堂讨论

对于今后的职业选择和工作目标，你也许有自己的打算，但是你的想法和别人对你的看法一致吗？不妨大胆地问问家长、老师和同学吧，看看这些了解你的人会怎么说。

妈妈说：_____

爸爸说：_____

老师说：_____

同学说：_____

自己说：_____

二、职业生涯

（一）职业生涯的内涵

职业生涯是指个体一生中从事职业的全部历程，包含了一个人所有的工作、职业、职位及其变更，以及个人态度和内心的成长与体验。

从职业生涯的内涵看，职业生涯包括外职业生涯和内职业生涯。外职业生涯是指从事职业时的工作单位、工作地点、工作职务、工作环境、工资待遇等外在因素的组合及其变化过程。内职业生涯是指从事某项职业时所具备的知识、观念、心理素质、经验、能力、内心感受等内在因素的组合及其变化过程。

对于不久将走向劳动岗位的中职生而言,目前最为重要的是通过各种途径发展自己的内职业生涯,比如在校期间加强专业技能练习,全面提升素质,利用假期进行社会实践和打工、实习,积累一定的工作经验,这样才会为未来的外职业生涯发展奠定基础。

(二)职业生涯的特点

1. 独特性

每个人的个体状态不同,所从事的职业不同,其职业生涯也会有很大的不同。由于多年所从事的专业岗位的历练,每个人无论在生理、心理、习惯上,还是在行为模式上,都会打上所在岗位的烙印,从而形成不同的职业生涯状态。

2. 发展性

职业生涯是伴随着个人的成长而发展的。每个人刚进入工作岗位与工作3年、10年、20年所经历的工作过程不一样,所在的岗位不一样,所做的工作内容也不一样,都处于不断发展中。

3. 阶段性

每个人的职业生涯发展过程都有着不同的阶段,可以分为不同的时期。人在不同的职业生涯阶段有着不同的目标和任务,职业生涯各个阶段之间具有递进性。

4. 终生性

一个人由幼年到老年是一个自然发展的过程,必须遵循由盛到衰的规律。人们在这个过程中不断地蜕变、成长,职业生涯也随之成为一种动态发展的历程。正确认识职业生涯的终生性特点,可以使人们正确地认识自己、做好规划,不使自己留下遗憾。

5. 互动性

职业生涯是个人与他人、个人与环境、个人与社会互动的结果。从长远来看,职业生涯发展的关键在于人的自身及其与外部互动的水平。

6. 整合性

由于个人所从事的工作或职业往往会决定其生活状态，而且职业与生活两者之间又很难区别，因此职业生涯应具有整合性，涵盖人生整体发展的各个层面，而非仅仅局限于工作或职位。

（三）职业生涯抉择类型

在进行职业抉择的时候，不同的人会做出不同的决定，不同的人会有不同的心理状态。按照做出职业生涯抉择时的心理状态，可以分为理智主动型、被动依赖性、冲动随意型、随遇而安型。

1. 理智主动型

这种类型的选择方式是综合考虑个人和职场等因素，依据客观实际情况，权衡各种利弊得失，综合分析之后做出的适合自己发展的决定，并且可以根据环境的变化理智调整自己的生涯规划。

案例分享 >>>

王晴的选择

王晴是某中等职业学校财会专业毕业生。毕业时，她有两种职业选择，一种是父母托关系把她安排到一家律师事务所做出纳，月薪 2800 元；一种是应聘到一家公司做办公室文员，月薪 2600 元。

王晴入学时选择财会专业，一是因为在初中生涯中，为了完成中考任务，每天埋头学习，不清楚自己的爱好兴趣；二是因为这是父母的主张，自己已经习惯听从父母的安排了。但是在学习期间，她始终对财会知识不感兴趣，倒是喜欢参加学校的各种课外活动和兴趣小组。她参加了学校的礼仪服务队，熟悉了各种礼仪接待知识，并多次参加礼仪实践活动；还参加了学校的文学社，曾在校刊发表文章；计算机操作技能也很熟练，在学校的计算机技能大赛中获得二等奖。王晴觉得自己更喜欢办公室的工作，而且从事文字档案和接待也是自己的特长。她又咨询了职业生涯规划课程的老师，得知如果自己喜欢文员的工作，可以按照"文员—行政助理—行政主管—行政经理—行政总监"这样一条职业发展路径来进行自己的职业生涯规划，未来的收入也会大大提高。综合考虑了各种情况后，王晴决定选择文员的职业。

2. 被动依赖型

在这种类型的心理状态下，可以说没有自我选择的思维能力，往往完全依赖他人为自己做出选择和安排。

3. 冲动随意型

这种类型的选择方式，注重自己一时的情绪和喜好，而不考虑客观条件和自我发展。冲动随意型的决定是自发的，在这种情况下，虽然选择者未必都是盲目的，但是单凭一时的直觉感受，可能会忽略了职业选择时应该注意的其他方面。

现实中不少人曾经在某一个阶段，多数是在职业生涯早期，凭一时喜好做出职业决定，比如为了追求高收入追随热门，因为工作不顺频繁跳槽等。这种类型的人职业生涯最容易出现的隐患就是职业生涯不连贯，在每一个领域的积累都不多，因此很难晋升到中高层，也难以有大的发展。

4. 随遇而安型

这种类型的心理状态，往往是从事一份工作，获得一个岗位后，就心满意足，不再更换工作和岗位，也不谋求更高的职位。当然，如果知足常乐、无衣食之忧、不关注职场成败，随遇而安也是一种生活方式和职场选择。否则的话，还是应该进行职业生涯规划，不然就会像《论语》中所说的"人无远虑、必有近忧。"

（四）职业生涯的发展阶段

职业生涯发展的阶段性一般以工作年限划分，每一阶段都有不同的任务。具体来说，职业生涯的发展可分为以下五个阶段。

1. 职业准备阶段（一般从 14～15 岁开始，延续到 18～28 岁）

这是一个人就业前学习专业、职业知识和技能的时期，也是人素质形成的主要时期。

2. 职业选择阶段（一般集中在 17～18 岁到 30 岁以前）

这一阶段是从学校走上工作岗位，是人生事业发展的起点，也是人生生涯的关键一步。在这一时期，人们要根据社会需要和自己本身的素质及愿望，做出职业选择，走上工作岗位。

3. 工作初期——职业适应阶段（一般在就业后 1～2 年）

这一时期是对走上工作岗位人的素质检验。具备岗位要求素质的人，能够顺利适应某一职业；素质较差或不能满足职业要求的人，则需要通过培训教育来达到与职业要求相适应；自身的职业能力、人格特点等素质与工作岗位要求差距较大者，难以达到与职业要求相适应，则需要重新选择职业；而个人素质超过岗位要求、个人兴趣与现职业类别很不相符者，也可能重新对职业进行选择。

4. 工作中期——职业稳定阶段（一般从 20～30 岁开始，延续到 45～50 岁）

这一时期是人的职业生涯的主体，可能存在诸如发展稳定、遭遇发展瓶颈、面临中年危机、取得阶段成功等不同情况。对于大部分人来说，这一阶段应该致力于某一领域的深入发展，求得升迁和专精。它不仅是劳动效果最好的时期，也是人们担负繁重家庭责任的时期。一个人除非有特别的才干和抱负，40 岁应该是职业锚扎根的时候，不宜再更换职业。因此，成年人往往倾向于稳定的某种职业，甚至特定的岗位。

5. 工作后期——职业素质衰退阶段（一般为退休前几年）

由于生理条件的变化，能力缓慢减退，心理需求逐步降低而求稳妥维持现状。一般来说，处在这一阶段上升的空间已经很小，就该规划退休前全身而退的策略，以及退休后的目标转移方案。

在上述发展阶段中，说明"职业稳定阶段"最长，"选择阶段"最为关键，其前的"职业准备阶段"在一定程度上决定着选择方向与稳定性。

作为中职生，我们已经进入职业准备阶段，即将走上社会，开始职业生涯。从现在开始，我们就要做好职业思想、专业知识和技能等各项准备，以迎接未来美好的职业生活。

课堂讨论

作为中职生，我们目前处于职业生涯的哪一个阶段？在此阶段，应如何规划自己的生涯？我们又即将进入哪一个阶段呢？

三、职业生涯规划

职业生涯规划是指在对职业生涯的主客观条件进行测定、分析、总结的基础上，对自己的兴趣、爱好、能力、价值观、职业素质等进行综合分析与权衡，确定最佳的职业奋斗目标，并为实现这一目标做出行之有效的安排。简单地说，职业生涯规划就是规划从开始工作到退休的整个职业历程。

（一）职业生涯规划的类型

职业生涯规划按规划时间的长短可分为人生规划、长期规划、中期规划和短期规划四种类型。

1. 人生规划

人生规划是指整个职业生涯的规划，若以 60 岁为普遍退休年龄，大致有 40 年时间。人生规划用来设定整个人生的发展目标，如希望自己未来最终成为一家大型知名企业的董事等。

2. 长期规划

长期规划一般指 5～10 年的规划，主要用来设定较长远的职业生涯目标。例如，规划 30 岁时成为一家中型公司的部门经理，40 岁时成为一家大型公司副总经理等。

3. 中期规划

中期规划一般指 2～5 年内的目标与任务。人们通常把个人职业规划的重点放在中期规划，这样有利于根据实际情况随时进行调整。例如，规划从普通业务员做到业务部经理，或者从大型公司的部门经理转至小公司做总经理等。

4. 短期规划

短期规划一般指 2 年以内的职业规划，主要是规划近期要完成的任务。

例如，1年内要学习某个专业知识，掌握某项专业技能，要取得一个小成就等。

（二）职业生涯规划的重要性

1. 职业生涯规划有助于自我分析

通过职业生涯规划可以充分认识自我，不断提升自我。在进行职业生涯规划时，人们会对自己进行评估，正确认识自己在个性、能力和兴趣等方面的优势和劣势。在对自己的优势和劣势进行对比分析后，确定目标，并且为了目标不断努力，不断地在各个方面提升自我。

2. 职业生涯规划有助于激发潜能

职业生涯规划可以激发一个人的潜能，增加成功的概率。一个人有了自己的奋斗目标，也就有了前进的动力。在目标的指引下，人们往往会唤醒自己的潜能，爆发出惊人的力量。

3. 职业生涯规划有助于明确目标

职业生涯规划能够使自己的奋斗目标更明确，同时增强自身发展的目的性与计划性。职业生涯规划是在充分认识自我和对外界环境进行评估的基础上做出的职业选择。有了自己的职业目标和职业方向，也就确定了自己的奋斗方向，从而使自己的活动有了很强的指向性。

智慧之光

吾十有五而志于学，三十而立，四十而不惑，五十而知天命，六十而耳顺，七十而从心所欲，不逾矩。

——孔子

4. 职业生涯规划有助于实现理想

如果对自己的职业生涯没有科学的规划，再正确、再崇高的职业理想也会成为空中楼阁。做好职业生涯规划，就是为了更好地实现职业理想，更充分地发挥职业理想的导向作用和动力作用。通过规划自己的职业生涯，可以更加明确自己的发展目标和努力的方向；可以细化实现目标和理想的具体措施，能够自我督促、自我激励；可以将实现职业理想的步骤加以细化，使其更具有操作性，使职业理想不再是空洞的口号，而是转化为实实在在的行动。

案例分享 >>>

成功属于有理想的人

林静是某中职学校旅游管理专业的学生，她心中一直有个梦想，就是成为一名知名导游，带领来自不同国家、不同地区的游客饱览祖国的名山大川，把我国的旅游业向前推进一步。

林静是个有心人，她一直在为心中这个理想而努力。她知道，要成为知名导游，除了要具备过硬的专业素质外，还要依靠知名的旅行社，这样才能为自己赢得更多的机会。

为了实现理想，每逢假日，林静都到国际旅行社去实习。每次实习，都能给她一些感悟，使她发现自己的优点和不足之处。为了弥补自己的不足，她整天跑图书馆查找资料，阅读有关旅游地理方面的书籍，还经常买一些旅游方面的资料，这些都是为她日后做知名导游打基础的。

有了在校的这些积累，毕业后林静很快就被一家知名的国际旅行社录用了。这对她来说，又向心中的理想迈近了一步。现在，她已经是业界小有名气的导游了。

(三) 中职生职业生涯规划的特点

中职生进行职业生涯设计必须符合我国国情，符合职业教育的培养目标，符合"以服务为宗旨、以就业为导向"的要求，体现出以下特点。

1. 以首次就业和今后创业为目标

就业是中职生毕业后职业生涯发展的起始点，创业既是就业的一种形式，更是职业生涯发展的飞跃。中职生必须以首次就业和今后创业的需要，立足于所学专业，为职业生涯发展作好准备，确立适合自身条件的首次就业和今后创业的具体目标。如了解就业形势和创业的意义，树立正确的就业观、择业观、创业观，掌握求职和创业的基本方法和途径，形成创业意识，结合即将从事的职业设计自己的未来，自觉提高职业素质和职业能力。

2. 必须面对就业难的现状

中国是个发展中的人口大国，就业难在一个相当长的时期内是人们必须面对的问题。我们不能完全套用国外理论，无视国情，过分强调与就业相关的人的个性特征、人格类型和职业锚类型等个人因素。要学会主动适应职业要求，明确目标，有针对性提高自身素质，学会处理好"职业选人"与"人选职业"之间的关系，真正落实党和国家把就业问题摆到"稳定全局"高度的战略要求。

3. 把个人发展与经济社会发展联系起来

我们要珍惜在校生活，并在即将开始的职业生涯中，把个人自信、自强、积极向上的精神与国家兴亡联系起来，以发展的观念审视自己与经济社会需要的差距，把个人发展与经济社会发展联系起来。以遵循满足"两种需要"和"两个符合"为原则。"两种需要"，即满足经济社会发展需要，满足本人职业生涯发展需要；"两个符合"，即符合经济社会实际，符合本人实际。

智慧之光

为每个青少年播种梦想、点燃梦想，让更多青少年敢于有梦、勇于追梦、勤于圆梦，让每个青少年都为实现中国梦增添强大青春能量。

——习近平

4. 强化时间观念，形成终身学习理念

中等职业学校教育既不同于基础教育，也不同于职业培训。我们既要以

首次就业为近期发展目标，又要为职业生涯持续发展和实现长远发展目标奠定基础。我们要了解、喜欢、热爱所学专业和即将从事的职业，正视现实，珍惜在校生活，养成珍惜时间的习惯，用即将从事的职业对从业者的素质要求，调整和规范自己的行为，养成符合行业要求的行为习惯，为首次就业和职业生涯发展作好准备。

课后实践

测试你是哪种类型的生涯船长

你的生涯之船已经起锚，在茫茫大海中，你将怎样前行？下面是一张生涯船长类型分析表，请你依次回答，你将会知道自己是哪一类型的生涯船长。

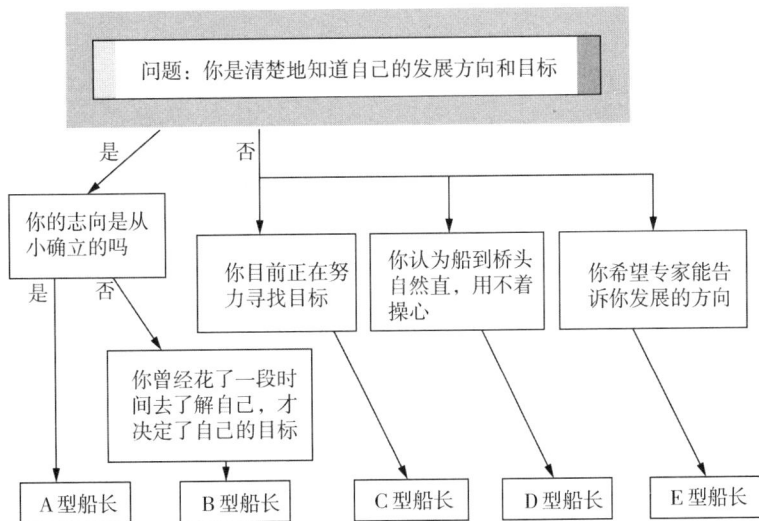

问题：你是清楚地知道自己的发展方向和目标

是　→　你的志向是从小确立的吗

否　→　你目前正在努力寻找目标 / 你认为船到桥头自然直，用不着操心 / 你希望专家能告诉你发展的方向

你的志向是从小确立的吗：
是 → A 型船长
否 → 你曾经花了一段时间去了解自己，才决定了自己的目标 → B 型船长

你目前正在努力寻找目标 → C 型船长
你认为船到桥头自然直，用不着操心 → D 型船长
你希望专家能告诉你发展的方向 → E 型船长

知道了你自己是哪一类型的船长吗？每一种类型代表着人们对于生涯规划所持的不同态度，具有不同的特色。

致 A 型船长和 B 型船长：

祝贺你已经拥有了清楚的发展方向和目标！在未来的生涯航程中，你的充足自信将成为你的最大资本。不过，光有自信还不足以战胜未来出现的惊涛骇浪。祝你航行更加顺利。加油！

致 C 型船长：

虽然你现在还没有清晰的发展方向和目标，但是你正在努力探索，通过学习应用课程中的有关技能，相信你一定能够尽快找到自己人生的方向。

致 D 型船长和 E 型船长：

虽然你还没有清晰的发展方向和目标，还在等待时机的来临，推荐你去看看一些关于生涯规划的书籍，所有的内容和探索活动的目的都在帮助你发现自我、了解工作与职业。这些信息的吸收、了解和运用将是决定你生涯方向的重要起点，因为，你才是自己生涯发展的主人。

第二单元　认识自我　健康成长

我们每一个人都有自己的个性和能力，有独特的性格和兴趣，也有自己的各种希望。只有认识自己，才能使自己对生活充满信心，才能使自己直面生活中的困难和挫折，才能使自己管理好情绪，才能使自己在人生道路上不会迷失自己，才能使自己能够朝着确定的目标努力奋斗，从而获得健康成长。

学习目标

认知：了解自我评价的方法。理解兴趣、性格与能力的概念。掌握抗挫折方法，珍惜生命，热爱生活，提高耐挫力。了解尊重个体生理及心理特点差异的重要性，掌握青春期的性心理知识。辨析情绪的基本特征和成因，掌握合理的情绪调节方法。

态度：明确正确认识自我对于专业学习和职业发展的重要性。正确认识职业理想和现实的关系，直面困难和挫折。提高情绪管理能力，做理性平和、自信乐观的人。

运用：学会从自我评价和他人评价中，全面、客观地认识自我。养成健康向上的生活方式。

引入案例 〉〉〉

我是谁

《伊索寓言》中有个讽刺驴的故事。有头驴费尽心思，终于爬上了屋顶。在人们的围观中，它得意地手舞足蹈，跳起舞来，结果把屋顶的瓦片全踩碎了。主人发现了驴子在屋顶的闹剧后，他立刻爬上屋顶，把驴赶了下来，并用一根粗棍子狠狠地打了它一顿。驴很委屈："你为什么打我？昨天我发现猴子也是这样跳的。你却非常高兴，好像这样给了你许多欢乐似的。"其

原寓意是不知道自己所处地位的人是可悲的，此处的寓意是不了解自己而盲目尝试的人是会劳而无功的。很多人的自卑自怜，遇事胆怯退缩也是没有认识真正的自我。所以，请诚实地、勇敢地直面自己问一句："我是谁？"

思考：这个故事对你有什么启示？你知道如何全面客观地认识自己吗？

第一课　认识我自己

一、自我认知

早在古希腊时期，哲学家苏格拉底就喊出了"认识你自己"的口号，这标志着人类自我意识的觉醒，开始进行自我认知。所谓自我认知，是指认知主体的我对客体的我进行感觉和观察，从而形成一定的自我概念，并形成自我评价。

扫码阅读

（一）自我认知的内容

自我认知包括认识自己的生理状况（如身高、体重、体态等）、心理特征（如兴趣、能力、气质、性格等）以及自己与他人的关系（如自己与周围人们相处的关系，自己在集体中的位置与作用等）。

（二）自我认知的方法

1. 测评法

所谓测评法，是指运用现代心理学、测量学、管理学、社会学、统计学、行为科学及计算机技术的综合测评技术。它通过人机测评、结构化面试、情景模拟和评价中心等技术，对个体的知识水平、能力及其倾向、工作技能、内在动机、个性特征和发展潜能进行测量，并根据工作岗位要求及组织特性进行评价，从而实现对人才全面、准确、深入的了解。

运用测评手段进行自我认知是一种力求客观的认知手段，它的特点是能够在较短时间内测出自己某方面的特点，并且这一特点是在与群体的比较中得出的。通过测量，同学们能够在短期内获得对自己较为客观的描述和评价。通过评估，分析自我的特点，再结合职业的要求，进行职业选择，这也就是"人职匹配"的过程。

人是极为复杂的，某一个维度的单项测评并不能全面反映一个人的特质。应将多项测评的应用结合起来，还要将测评法与别的自我认知方法结合起来。

✒ 课堂讨论

当总经理不在的时候在某知名企业的招聘活动中，四位应聘者通过初试、面试、笔试，"过五关斩六将"，已经进入到最后一关：由总经理亲自与他们谈话进行考察。四位应聘者想到即将进入的是很多人都想进的国际知名企业，他们都很兴奋，也很紧张，暗自叮咛自己在最后一关一定不能有任何闪失。在约定的时间，四个人准时走进总经理的办公室，刚坐下，总经理办公桌上的电话铃就响了。总经理拿起来听了一下，说："好，我马上过来。"然后告诉他们四人："我现在临时有点急事，很对不起，请你们在这里坐着等我一会儿。"总经理走后，他们紧张的心情放松下来。开始五分钟大家都坐着没动，从第五分钟起，就有人开始看表、看手机，流露出不安的神色。从第七分钟起，就有人开始站起来踱步，往窗外看，更频繁地关注时间，表现出不耐烦。从第十分钟开始，有人走到总经理的办公桌前翻文件，甚至随手打开封面上写着"公司办公记录"的本子……只有一个人坐在沙发上没有动过。二十分钟后，总经理回来了，宣布那个坐在沙发上没有动过的人被录用了。

为什么坐在沙发上那位没有动过的应聘者被录用了？

2. 自我反省法

每个人都有两面镜子，其中一面是用来看清自己的脸庞及衣着打扮等外在形象；另外一面就是省察个人内心的，在这面"镜子"中，人们可以看到完整的自己，看到自己内心真实的想法。人们通过对照自己内心的"镜子"，可以从自己的优势和弱势两方面反思自己的行为及其后果，并从中总结经验。

(1) 从自己的优势方面进行自我反省

优势就是指自己目前已表现出来的能力与潜力所在，包括以下几个方面：

第一，我学习了什么。即我从专业学习中获取了哪些知识？我从工作经历中获取了哪些知识和能力？从某种程度上看，我们的专业也许在未来的工作中并不起太多作用，但在一定程度上它会影响我们的职业方向。因而，我们要注意学习，善于学习，并且善于归纳、总结，把单纯的知识真正内化为自己的智慧，为自己多准备后备能源。也许我们暂时感觉不到自己的收获，但随着时间的推移，这些知识必定会潜移默化地影响我们。

第二，我做过什么。即我曾经做过什么事情，有过什么经历？已有的人生经历是我们最宝贵的财富，它往往从侧面反映出我们的素质、潜力等。这些曾经的经历和体验是我们职业定位的主要依据。通过提高自己经历的丰富性和突出性，我们可以有针对性地选择与职业目标相一致的工作，然后通过坚持不懈地努力，培养自我职场的竞争力。

第三，我做成功过什么。即我曾经做过的事情中最成功的是什么？是什么因素让我获得了成功？通过对这些问题的分析和回答，可以发现自我优势的一面，譬如坚毅、自信等，进而挖掘我们深层次的能力，形成职业设计的有力支撑。寻找职业方向，成功职业定位，往往就是从自身的优势出发，并用优势去工作。

（2）从自己的弱势方面进行自我反省

第一，我的不足或能力的欠缺。人无法避免性格的弱点和与生俱来的劣势。这就意味着，我总有力所不能及的事情。卡耐基曾说过，人性的弱点并不可怕，关键要有正确的认识，认真对待，尽量寻找弥补、克服的办法，使自我趋于完善。我们应该安下心来，听听他人的评价，看看他人眼中的我是什么样子，与期望是否一致，然后找出其中的偏差并弥补。这将有助于自我提高。

第二，我的经验的欠缺。由于自我经历的不同及环境的局限，我们无法避免一些经验上的欠缺。欠缺并不可怕，怕的是自己没有认识到或不懂装懂。正确的态度是认真对待，善于发现，并努力克服和提高。不光认识到自己的"所能"，更要认识到自己的"所不能"，这能减少自己犯错误的概率。

通过以上自我分析与认识，可以帮助我们认识自我，明确自己该选择的职业方向。职业方向直接决定着一个人的职业发展，需更加慎重。如果选错了行业，可能会毁掉自己本该有所作为的人生。因此，我们应该按照职业设计，选择自己擅长并喜爱的职业，让我们的才能结合兴趣去发挥自我优势，同时，结合时代的特点确定职业方向和目标。

3. 他人评价法

他人评价也是客观地进行自我认知的重要途径，主要包括父母的评价、老师的评价，以及同学、同事、朋友的评价。他人评价通常由以下几个维度构成：个人的性格、价值观、人际关系、工作学习或生活态度等。由于他人评价依赖于身边经常接触的人，一些固定的看法和习惯可能会影响到他人评价的效果，所以要得出客观、公正的他人评价，也并不是一件容易的事。

拓展阅读

中职学生常见的自我评价问题

中职学生在自我评价上，常表现出过低的自我评价或过高的自我评价。

1. 过低的自我评价

存在这种自我认知倾向的中职学生，在把理想自我与现实自我进行比较时，对理想自我期望较高，但在现实中又无法达到，因此对现实自我不满意，但又无法改进，他们在心理上的一个特征就是自我排斥。理想自我与现实自我的差距经过努力仍无法拉近，他们的心理往往陷于消极的防御状态。这类中职学生往往企图通过常规的、习惯了的或简单的努力，去实现理想自我。对他们来说小小的失败，往往就会积累起挫折感。他们通常不是通过自身努力去改造现实自我，而是放弃理想自我，去屈从现实自我。但是由于他们对现实自我不满，加之无力改变现状，因此最终走向否定自我。这类中职学生的人际交往模式是"我不好，你好"，他们往往看不到自己的价值，感到自己什么都不如人，处处低人一等，产生厌恶自己并否定自己的自卑感，在生活中表现出缺乏朝气和积极性，可能引发严重的情感损伤和内心冲突。

2. 过高的自我评价

这是一种与过低自我评价相对立的自我认知状态，在这种自我认知的支配下，个体往往扩大现实自我，表现为过度高估现实自我，过度悦纳自我，用理想的自我认知不合理地取代现实的自我认知。这类中职学生往往表现出自高自大、目空一切，在自吹自擂、虚幻的自我认知之中度日。他们的人际交往模式是"我好，你不好"，所接受的是自我夸大了的优点和长处，甚至把缺点和短处也视为优点和长处，却把别人看得一无是处。错误的不切实际的自我认知，导致他们盲目乐观、以自我为中心、自以为是，往往不易被周围环境和他人所接受与认可，极易引起他人的反感和不满。因此这类中职学生在生活中极易遭受失败和内心冲突，产生严重的情感挫折，导致自卑、自我放弃，有时还会引发过激行为和反社会行为。

二、兴趣认知

职业兴趣是人们通过参与到某种自己感兴趣的职业而体验到心理上的满足后产生的长期心理感受。职业院校学生起初可能对许多职业都有兴趣，但这种兴趣往往都是短暂的、多变的，随着对职业认识的深入，职业的中心兴趣会逐步形成，进而对从事某项职业十分向往，并希望体验到快乐，这就是比较稳定的职业兴趣。

我们如果能根据自己的兴趣确定职业目标，个人的主动性就能得到充分发挥，即使工作十分枯燥和辛劳，也总是兴致勃勃、心情愉快；即使困难重重，也绝不会灰心丧气，而会想尽办法，百折不挠地克服困难。当然，在现实生活中，由于种种因素的限制，我们所选的职业未必能如愿，遇到这种情况，我们应当积极采取多种途径和方法，努力培养对所选职业的兴趣。

案例分享 》》》

追踪哈佛毕业生的事业发展科研人员开展了一项针对 1500 名美国哈佛大学毕业生的研究，目的在于追踪他们的事业发展。这些毕业生在一开始就被分成两组，第一组的人说想先赚钱，然后才做自己感兴趣的事；第二组的人则先追求他们真正的兴趣，认为以后财富自然会滚滚而来。其中，想先赚钱的第一组有 1245 人，占 83%；想先凭兴趣工作的第二组有 255 人，占 17%。20 年后，这 1500 人中共产生 101 名百万富翁，只有 1 人属于先赚钱后关注兴趣的第一组！

资料来源：李鹤龄. 大学生创新创业指导 ［M］. 长春：吉林大学出版社，2016.

（一）认识职业兴趣

兴趣是最好的老师，对我们的发展有一种神奇的推动力量。发现并培养自己对专业乃至职业的兴趣，就会对该种职业活动表现出肯定的态度，乐于发挥积极性，有助于事业的成功。

有人给比尔·盖茨出了这样一个题目："你的办公桌有五个带锁的抽屉，分别贴着财富、兴趣、幸福、荣誉、成功五个标签，你只能带一把钥匙，而把其他的四把锁在抽屉里，请问盖茨先生，你带的是哪一把钥匙？"

比尔·盖茨回答："毫无疑问，兴趣！兴趣中隐藏着你人生的秘密。"你的回答是什么？看了比尔·盖茨的回答，你对"兴趣"产生兴趣了吗？

就人生的不同阶段而言，职业兴趣与职业选择之间的必然联系有着程度上的不同。在初始阶段，我们要解决一些很实际的问题，或许不能过于强调兴趣。如果暂时不能按照自己的兴趣去选择职业，可以平时多积累，更好地充实自己，当机会降临的时候，才不会错过。按兴趣去工作会让自己更容易成功，生活更快乐。

兴趣的培养有多种方式，对于职业学生来说，首先应该认识到专业、职业的重要性，加强专业知识的学习与专业技能的提高，发现并培养兴趣，增强专业学习的自觉性；其次，在实习、实训、实践中加强锻炼，体验学习中的乐趣，在实际工作中不断取得新成绩，强化成就感。

有研究表明，如果一个人从事他感兴趣的工作，能发挥他全部才能的 $80\%\sim90\%$，长时间保持高效率并不感到疲惫；如果他对从事的工作不感兴趣，则只能发挥他才能的 $20\%\sim30\%$，而且容易筋疲力尽。兴趣也能影响工作满意感和稳定性，一般来说，从事自己不感兴趣的职业，很难让人感到满意，并因此感到工作不稳定。

案例分享 》》》

四只毛毛虫的故事

第一只毛毛虫跋山涉水，终于来到一棵苹果树下。它根本就不知道这是一棵苹果树，也不知道树上长满了红红的可口的苹果。当它看到其他的毛毛虫往上爬时，稀里糊涂地就跟着往上爬，没有目的，不知终点，更不知自己到底想要哪一个苹果，也没想过怎么样去摘取苹果。它的最后结局呢？也许找到了一个大苹果，幸福地生活着；也可能在树叶中迷了路，过着悲惨的生活。不过可以确定的是，大部分的虫都是这样活着的，没想过什么是生命的意义、为什么而活着。

第二只毛毛虫也爬到了一棵苹果树下。它知道这是一棵苹果树，也确定它的"虫"生目标就是找到一个大苹果，问题是它并不知道大苹果会长在什么地方。但它猜想：大苹果应该长在大枝叶上吧！于是它就慢慢地往上爬，遇到分枝的时候，就选择较粗的树枝继续爬。于是它就按这个标准一直往上爬，最后终于找到了一个大苹果。这只毛毛虫刚想高兴地扑上去大吃一顿，但是放眼一看，它发现这个大苹果是全树上最小的一个，上面还有许多更大的苹果。更令它泄气的是，要是它上一次选择另外一根分枝，它就能得到一个大得多的苹果。

第三只毛毛虫也到了一棵苹果树下。这只毛毛虫知道自己想要的就是大苹果，并且研制了一副望远镜。还没有开始爬时，它就先利用望远镜搜寻了一番，找到了一个很大的苹果。同时，它发现当从下往上找路时，会遇到很多分枝，有各种不同的爬法；但若从上往下找路，却只有一种爬法。它很细心地从苹果的位置，由上往下反推至目前所处的位置，记下这条确定的路径。于是，它开始往上爬了，当遇到分枝时，它一点儿也不慌张，因为它知道该往哪条路走，而不必跟着一大堆虫去挤破头。比如说，如果它的目标是一个名叫"教授"的苹果，那应该爬"深造"这条路；如果目标是"老板"，那应该爬"创业"这根分枝。最后，这只毛毛虫应该会有一个很好的结局，因为它已经有自己的计划。但是真实的情况往往是，因为毛毛虫的爬行速度相当缓慢，当它抵达时，苹果不是被别的虫捷足先登，就是苹果已熟透而烂掉了。

第四只毛毛虫可不是一只普通的虫，它做事有自己的规划。它知道自己要什么样的苹果，也知道苹果将怎么长大。因此，当它带着望远镜观察苹果时，它的目标并不是一个大苹果，而是一朵含苞待放的苹果花。它计算着自己的行程，估计当它到达的时候，这朵花正好长成一个成熟的大苹果，它就能得到自己满意的苹果。结果它如愿以偿，得到了一个又大又甜的苹果，从此过着幸福快乐的日子。

（资料来源：尹传新，肖琴琴．心理健康［M］．南昌：江西教育出版社，2019。）

（二）良好职业兴趣的特征

1. 差异性

不同的职业需要有不同的兴趣特征，一个动手能力强、喜欢技能操作的人，可以在自己喜爱的工作领域大显身手、施展才华，如果要让他从事研究型或其他类型的工作，他就会感到束手无策，找不到用武之地。正是这种兴趣特征的差异，构成了人们选择职业的重要依据。

2. 广泛中有聚焦

职业兴趣具有广泛性与中心性等特征。有的人上通天文，下知地理，古今中外无所不晓；有的人则除了与自己工作学习有关的知识外，对其他事情不闻不问，这实际上就是职业兴趣广度上的差异。马克思是一个兴趣十分广泛的人，他不仅是革命家、政治家、哲学家、经济学家，而且爱好数学、天文，对许多自然科学也有着浓厚的兴趣，他的名言是："人类的一切东西对我都不是陌生的"。

有人评论《红楼梦》时指出：曹雪芹在写大观园建筑时，表现出他是一个精通建筑学的建筑师；写大观园的花草树木时，他又像颇有研究的植物学家；在给病人开的药方中，又显露了他的医学才能；而描写人物内心冲突和刻画典型性格方面，他又是一个造诣很深的心理学家。没有广泛的兴趣是不可能写出这样不朽的著作的。

一个人的兴趣要广，但必须与职业兴趣相结合，否则将会变得样样通，样样松，最后一事无成。因此，良好的职业兴趣必须在广博的基础上，有聚焦。马克思的兴趣广泛，被称为"科学巨匠"，但"马克思首先是一个革命家"；曹雪芹的兴趣广泛，知识渊博，但他主要还是个小说家。只有在广泛职业兴趣的背景上有决定活动基本倾向的中心兴趣，才能使人获得深邃的知识，使职业活动充满乐趣。

3. 相对稳定性

良好的职业兴趣还必须有相对稳定性。有的人职业兴趣一旦形成就始终如一，稳定不变；还有的人职业兴趣波动多变，缺乏稳定性和持久性，如对某一职业很容易发生兴趣，但很快又被另一兴趣所代替，这种人容易见异思迁，很难适应职业活动的需要。

因此，每个人的职业选择和职业活动在其兴趣爱好的基础上还要遵从科学规律，符合程序规则。在追寻兴趣之外，更重要的是要找寻自己终身不变的志向，以锐意进取的精神攀登事业的巅峰。

（三）职业兴趣探索

职业兴趣是兴趣在职业方面的表现，是指人们对某种职业活动具有的比较稳定而持久的心理倾向。职业兴趣决定了一个人的工作态度和适应能力，良好的职业兴趣将增加个人的工作满意度、职业稳定性和职业成就感。

一个人在生命的早期所产生的兴趣是不稳定的，只有到了一定的年龄阶段（成年），才能形成稳定的、现实的职业兴趣。职业环境的变化、社会生活的日益丰富、科学技术的发展，以及新行业和新职业的不断出现，都会对人的兴趣产生影响。只有稳定的职业兴趣才能推动深入研究问题，从而获得系统和深刻的知识，奠定职业成功的基础。

职业兴趣对职业生涯的作用体现在以下两个方面：

（1）职业兴趣是职业选择的重要依据。在求职过程中，除了薪酬高低等因素，职业兴趣也是职业选择的重要依据。满足职业兴趣需求，常常会使人体验到工作的愉悦，进而形成坚定的职业志趣，并为之尽心竭力。

（2）职业兴趣可以提高职业稳定性和工作满意度，增强职业生涯的适应性。因为兴趣可以通过工作动机促进能力的发挥，兴趣和能力的结合会大大提高工作效率。在职场中，对自己从事的职业有兴趣的人和没有兴趣的人，其工作中的效率与满意度是不一样的。

不同的人有不同的兴趣，有的人对研究自然科学感兴趣，有的人对研究社会科学感兴趣；有的人倾向于情感世界，活跃于人际关系领域，有的人则倾向于理性世界，在数学、公式领域内自由翱翔；有的人对智力操作感兴趣，对读书、写作、演讲、设计乐此不疲，有的人对技能操作感兴趣，对修理、车、钳、刨、摄影、琴、棋、书、画津津乐道。

不同的职业也需要不同的兴趣特征，一个擅长技能操作的人，靠他灵活的双手在技能操作领域得心应手，但如果硬要把他的兴趣转移到书本的理论知识上来，他就会感到无用武之地。正是这种兴趣上的差异，构成人们选择职业的重要依据。因此，兴趣对人生和事业的发展至关重要，所以兴趣自然是职业选择应考虑的重要因素之一。

拓展阅读

库德职业爱好调查表

在职业兴趣分类方面，比较有名、使用时间较长的是库德职业爱好调查表的分类。它将职业兴趣分为以下10类：

（1）户外：大多数时间愿意在户外度过，愿与大自然打交道，喜欢从事地理、地质、动物、植物等方面工作。相应的职业有：地质勘探人员、登山队员、森林管理者、考古人员、农业人员等。

（2）机械：愿意与工具、机器打交道，而不喜欢从事与人打交道的职业，并希望制作能看得见、摸得着的产品。相应的职业包括：车钳工、修理工、裁缝、钟表工、建筑工、司机、农机手、制造工程师、技师等。

（3）计算：喜欢与数字计算和文字符号类有关的活动，工作的规律性较强。相应的职业包括：会计、银行工作人员、邮件分类员、图书管理员、档案管理员、统计员等。

（4）科研：喜欢去发现新的现象和解决问题，乐于从事分析推理或擅长理论分析。相应的职业有：化学家、工程师、侦察员、医生、数学家、生物学家、物理学家等。

（5）说服：善于与人会面、交谈、协调人际关系、组织管理，或者善于推销、宣传。相应的工作有：教师、行政管理人员、记者、作家、店员、演员、警察、节目主持人等。

（6）艺术：这是一种创造性的工作，喜欢通过新颖的设计、颜色的匹配和材料的布局等引起别人情感上的共鸣。相应的职业包括：画家、雕塑家、建筑师、服装设计师、美容师和室内装修工等，均属"艺术性"的职业。

（7）文学：喜欢阅读和写作，或能做相应的讲授、编辑工作。相应的职业有：文学家、历史学家、演员、新闻记者、编辑等。

（8）音乐：对音乐作品和从事演奏有特殊爱好，喜欢听音乐会、演奏乐器、歌唱，或者喜欢阅读有关音乐、音乐家、戏剧家的书籍。相应的职业有：音乐家、歌唱家、表演艺术工作者、音乐戏剧评论家等。

（9）服务：这是乐于从事社会工作，为他人服务的一种爱好，主要指社会福利和帮助人的职业，为他人解除痛苦、克服困难。相应的职业包括：医生、护士、职业指导者、家庭教师、人事工作者、社会福利救济工作者、宾馆、饭店服务人员、导游人员等。

（10）文秘：喜欢那种需要准确性、灵活性的办公室式的工作。相应的职业有：秘书、统计员、交通管理者、公共关系人员等。

三、性格认知

（一）职业性格分析与调适

性格是一个人对现实的稳定态度和在习惯化的行为方式中所表现出来的个性心理特征。人们常说，"性格决定命运"。但是，我们不能只把性格完全归因于天性，良好的性格也是可以调适的。

性格是一个人最重要、最显著的个性特征，是个人在长期生活实践和环境因素作用下形成的较为稳定的特征。它不仅表现在人们"做什么"，而且也表现在人们"怎样做"等。不同职业对从业人员的性格有不同的要求，有的职业要求从业者偏向于内向性格，而有的职业要求从业者偏向于外向性格。因此，在选择职业时，要考虑自身的性格因素。心理学家告诉我们，根据性格选择职业，能使自己的行为方式与职业工作相吻合，能更好地发挥自己的聪明才智，从而得心应手地驾驭本职工作。

1. 职业性格的内涵

职业性格不是指一个人的智力商数、专业水平、工作经验等显性的职业能力，而是先天性地、内在地、稳定地影响甚至决定着一个人的岗位匹配和职业环境适应性、工作业绩和职业成就的那些心理动力组织，是达成工作绩效的一系列无法改变或者说至少是难以培育的非智力决定的因素。职业性格自动自发地决定着一个人的职业成就的高低及职业发展的成败。

如果自己的性格和职业需要的性格相反，那么工作时就会遇到很大的心理冲突，工作上成功的概率也会较小。例如，缄默的人往往乐群性比较低，喜欢对事不对人，如果让他去做销售工作，应付销售工作中人与人之间复杂的情绪交流，那么，他在工作的过程中就不可避免地会有很多心理冲突。所以，就业前认识自己的职业性格就显得异常重要。另外，认识自己的职业性格有利于反省自己，提高自己的修养，使自己获得更适合的职位，推动自己的人脉建设。

2. 职业性格的分类

根据人们核心价值观、注意力焦点及行为习惯的不同，可以把人的性格分为九种，九型性格的欲望特质及主要特征如表 2-1 所示。

表 2-1　九型性格的欲望特质及主要特征

序号	性格类型	欲望特质	主要特征
1	完美型	追求不断进步	原则性强，不易妥协，黑白分明，对自己和别人要求甚高，追求完美，感情薄弱
2	助人型	追求助人为乐	渴望别人的爱或良好关系，甘愿迁就他人，要别人觉得需要自己，常忽略自己
3	成就型	追求成果	好胜心强烈，常与别人比较，以成就衡量自己的价值高低，看重形象，工作狂，惧怕表达内心感受
4	艺术型	追求独特	情绪化，追求浪漫，惧怕被人拒绝，觉得别人不明白自己，我行我素，易忧郁、妒忌
5	理智型	追求知识	冷眼看世界，喜欢思考分析，对物质生活要求不高，注重精神生活
6	忠诚型	追求忠心	做事小心谨慎，多疑，喜欢群体生活，为别人做事尽心尽力，不喜欢受人注视，安于现状

（续表）

序号	性格类型	欲望特质	主要特征
7	活跃型	追求快乐	乐观，追求新鲜感，不喜欢承受压力
8	领袖型	追求权力	追求权力，讲求实力，不靠他人，有正义感，喜欢做大事
9	和平型	追求和平	性格温和，善解人意，主见较少，害怕冲突

课堂讨论

　　根据九型性格的具体特征，找出每一种性格的代表性人物（历史人物、现代人物，真实人物、虚拟人物不限），他们具体有何表现？举例说明。

3. 调试职业性格

　　职业性格是个人在长期的职业活动中所形成的，与职业性质相关。职业性格是可以调适的。职业环境、实践活动及职业意识的培养，都会对职业性格的形成产生很大的影响。要做好职业工作，就要尽可能使自己的性格符合职业的要求。因此，我们只有在生活、学习、实践及未来的工作中不断调适和完善自己的性格，才能使自己成为一个合格的职业人。

　　调试职业性格的途径有以下几种：

　　（1）严格要求自己，提高修养。性格是比较稳定的心理特征，需要一个较长的培养过程，想一蹴而就改变自己原有的性格是不可能的。以所学专业对应的职业群对从业者的要求为目标，制定措施，严格要求自己，是职业院校学生逐步提高自身素养、调适性格的必经之路。

　　（2）向身边的优秀人物看齐。"榜样的力量是无穷的"，可以从成功的亲朋好友中选出自己的榜样，总结他们成功的经验，重点了解他们调适和完善性格的动力，以及调适的方法和措施，并制定措施，逐步改善自己的职业性格。

　　（3）主动参加社会实践。良好的职业性格的形成离不开丰富的社会实践活动。职业学校的学生应当利用课内外的一切有利时机，接触社会，走近职业，积极参加实践活动，从中了解专业和职业对从业者职业性格的要求，并不断对自身性格加以调适和完善，提高对所学专业的适应能力，为工作后尽快适应职业要求做准备。

"性格大变"的林肯

当林肯还是肯塔基州哈丁镇的一个孩子时，他是一个性格腼腆、不善言辞的人。而当林肯成为美国总统后，他变得性格开朗，幽默风趣。林肯不仅学会了以自嘲、调侃、讲大白话等幽默方式来营造内心的愉悦，还提高了自己捕捉生活中各种有趣现象的敏感度。他不仅改变了自己的性格，也改变了自己的命运。更可贵的是，林肯以总统的身份带头讲笑话，使得美国人从早年清教徒不苟言笑的生活方式中彻底解放出来，幽默从此成为美国文化的重要组成部分。

（二）职业性格探索

在现今的职场中，很多企业在招聘新人时，将性格的测试放在首位，当性格与职业相匹配时，才对其能力进行测试检查。他们认为性格比能力重要，如果一个人能力不足，可通过培训提高；但一个人的性格与职业不匹配，要改变起来，就困难多了。

性格并无好坏之分，但性格类型与职业类型的匹配度，却决定了事业的成功与否。因性格与职业的选择发生错位而导致职业的失败，已逐渐成为职场人士面临的严峻问题。

在为自己的职业发展做规划时，首先就要正确测定自己的个性。职业发展规划是与职业气质、能力、兴趣、潜力、价值观、理念等因素相关联的，性格若能与工作相匹配，工作中则更能得心应手、轻松愉快、富有成就；反之，则会不适应、困难重重，给个人的发展和组织造成影响。

要想做好工作，需要专业的知识、良好的技能，也需要和自己的性格相匹配。借助科学手段了解自己的性格类型，有利于进行准确的职业定位，更有利于职业的发展。当从事的职业与个性相吻合时，就可能发挥出能力，容易做出成就；反之，可能导致其原有才能的浪费，或者必须付出更大的努力才能成功。

许多工作对性格、品质有着特定的要求，要选择某一职业就必须具备这一职业所要求的性格特征。但是，性格在很大程度上是来源于后天的培养，并不是无法改变的，每个人在社会中都会因为种种外界原因而改变原先的性格，也许这种改变会让你意外的发现自己的潜力。另外，人的个性并不能决定他的社会价值与成就水平。当你发现你的个性与职业的匹配度不高时应树立以下意识，来培养自己的职业兴趣。

四、能力认知

（一）职业能力的匹配

能力是指人们顺利完成某种活动所必须具备的个性特征，是人的素质的集中和综合的表现，直接影响着人们的活动效率。人的能力是在学习和实践基础上逐渐培养和提高的。成功的"职业人"往往有多种能力的组合，包括专业能力、创新能力、实践能力等。提高职业能力，对自己、对社会都有着多方面的作用。

能力受两方面因素的影响：一是先天遗传因素；二是后天的因素。社会上任何一种职业对从业者的能力都有一定的要求。能力有一般能力与特殊能力之分，一般能力包括智力、协调能力等；特殊能力也称职业能力，是从事某种职业活动所必需的能力，如作家的写作能力、教师的语言表达能力、企业家的管理能力等。

现代社会对人的能力要求也越来越高。知识经济时代使得从业者从一次学习向终身学习转变，这就要求从业者不但要具备跨岗位、跨行业的综合职业技能，而且要具备根据市场变化的需求不断开发自身潜能的创新能力。同时，现代社会发展使得职业的演变越来越快，每个人在一生中可能面临多次转岗和对职业的重新选择，这就要求每个从业者都应具备一定的职业适应能力。

职业能力是就业的基本条件，是胜任职业岗位工作的基本要求，是个人取得社会认可并谋取更大发展的根本所在。因此，在校学习的职业院校学生首先应尽可能地提高自己的职业能力。

能力是求职者开启职业大门的钥匙。中职生只有选准了与自己能力倾向相吻合的职业才能如鱼得水，否则，就会影响职业活动的效率。

职业能力是在职业活动中发展起来的，直接影响职业活动效率，使职业活动得以顺利完成的心理特征。职业能力一方面要在职业活动中形成和发展，并在职业活动中表现出来；另一方面，从事某种职业又必须以一定的能力为前提。

社会分工的发展，使得人们从事的职业领域日益扩大，因而具体的职业能力模式是非常丰富的。例如，美国的一般能力倾向测验设置了九种能力，分别为：一般学习能力、言语能力、数理能力、判断能力、图形知觉能力、符号知觉能力、运动协调能力、手指灵活度、手腕灵巧度。该测验可帮助确定求职者在八大类三十二小类职业领域内的职业能力，被认为是职业指导中较好的测验。

拓展阅读

职业能力的不同分类依据

由于分类依据不同，能力可以有多种形式的分类。

从使用范围角度可分为一般能力和特殊能力，前者适于一般的工作与生活，后者适于某种专业的特殊工作。

从发展水平角度可分为再造能力和创造能力，前者是指在活动中能把掌握的知识、技能按照所提供的式样予以实现，具有模仿性；后者是指会创造出新的、独特的东西。

心理学还把能力分为显能和潜能。显能指一个人现在已经具有的现实能力；潜能是指一个人经过进一步学习和训练，而达到更高水平的可能性能力。

（二）实现能力与职业的匹配

不同的职业对能力有不同的要求，每个人都有自己的优势和劣势，应注意将能力类型与职业相匹配。例如，有的人擅长形象思维，有的人擅长逻辑思维，还有的人擅长具体行动思维。如果根据思维能力类型来选择职业，擅长形象思维的人比较适合从事文学艺术方面的工作，擅长逻辑思维的人比较适合从事哲学、数学等理论性强的工作，擅长具体行动思维的人比较适合从事机械修理方面的工作。如果不考虑能力类型，而让其从事职业与能力不匹配的工作，效果就不会好。

随着生产力的日益提高，社会分工越来越细，各种职业都对人们提出了越来越高的要求。例如，想要成为一名营销策划师，必须具有以下能力：

（1）主动性。要有旺盛的求知欲和强烈的好奇心。

（2）洞察力。富有直觉，对环境有敏锐的感受力，对信息有准确的判断力。

（3）变通性。思路通畅，善于举一反三、闻一知十、触类旁通。

（4）独立性。较少的依赖性，不轻易附和他人，使自己的创意成功实施。

（5）独创性。不管有多少现成的好方法，策划人都必须有别出心裁的见解、与众不同的方法，要勇于弃旧图新、别开生面，要永远相信答案总比问题多。

（6）自信心。深信自己所做的事情的价值，一往无前，不达目的誓不罢休。

（7）坚持力。创意的完成需要百折不挠、锲而不舍的毅力和意志。确定目标后，就向着它坚定地走下去。

（8）勇气。从事各类策划，尤其是营销策划，经常需要不惜冒险犯难。在营销策划过程中，所面对的往往是常人无法忍受的市场困境，要有大无畏的勇气。

在选择职业时，中职生应该充分了解自己的优势所在，选择能运用自身优势能力的职业。中职生在了解了自己能力大小，并知道了这种能力在哪方面表现得更突出之后，再做出选择，可以扬长避短，避免大的失误。

案例分享 >>>

最美中职生杨金红

杨金红是东莞理工学校汽修班的一名学生，也是东莞地区唯一的"最美中职生"，他不仅是一个典型的西北汉子，也是一个怀揣着"汽车梦"的阳光男孩。

据介绍，杨金红学习勤奋，爱交朋友，热心公益，对汽修专业有浓厚的学习热情和丰富的比赛经验。他对汽车构造、汽车文化、汽车零配件、汽车售后服务等了如指掌，汽车已经是他生活中不可割舍的重要部分。

2017 年，杨金红在激烈的竞争中被选中成为校汽车营销竞赛集训队的一员，并获得了一家 4S 店寒假顶岗实习的机会。实习期间的默默耕耘，换来了连续 10 周淘汰竞赛的胜利。他不仅在学校第 30 届技能节里获得了"汽车营销"赛项一等奖，还最终获得广东省职业技能竞赛的参赛资格，也成为东莞理工学校第一个在一年级参赛的学生。

2018 年 4 月，杨金红和搭档代表东莞理工学校参加广东省中职组职业技能竞赛的汽车营销赛项，夺得第一赛项第一名，并最终获得团体二等奖，并取得了代表广东省代表团去往江苏苏州参加全国职业院校技能大赛汽车营销项目"北京现代杯"中职组竞赛的资格。这是东莞理工学校汽修专业的第一次，也是东莞的第一次。

（资料来源：新浪网：新闻中心。）

（三）能力的培养

能力受两方面因素的影响：一是先天遗传因素；二是后天的学习和实践因素。因此，人的职业能力并不是一成不变的，可以通过多种途径进一步培养和提高。

1. 不断学习

读书是学习，使用也是学习，而且是更重要的学习。只有不断学习才能提高工作能力，只有不断运用总结才能提高工作能力。

2. 不断实践

除了构建合理的知识结构外，还需具备从事本行业岗位的基本能力和专业能力。大学生只有将合理的知识结构和适用社会需要的各种能力统一起来，才能立于不败之地。

3. 强化职业意识

随着科学技术日新月异，经济发展方式的转变和经济结构的调整，人们已有的职业能力并不安全，如同矿泉水和牛奶一样有保质。强化职业意识，树立职业精神也是提高职业能力的一个途径。

课后实践

认 识 自 我

我们的性格、行为习惯等常受日常生活中经常接触到的人，如父母、兄弟和朋友等的影响，因此，我们可以通过审视他们的优缺点，来了解自己。

1. 游戏目的：通过审视他人，来了解自己

2. 游戏步骤：

（1）准备一张白纸，在中间的位置上写"我"，以此为圆心画一个大圆，这就是你的自我影响。在圆圈上每隔一段距离，写一个曾经影响过你的人，如父亲、母亲、老师、朋友、某个团体，甚至是某个明星、某本书及某个电视角色。

（2）写出每个影响点的特征，接着用向内箭头表示正向影响，向外箭头表示负向影响，用箭杆的粗细表示影响程度。

（3）做完之后，看一看自己，是不是也具备他们的优点和不足。

第二课 直面困难和挫折

一、认识挫折

（一）挫折的来源

不同的人会因为不同的原因产生挫败感，同一个人在不同时期也会遇到各种各样的挫折。挫折的来源有很多，包括自然、社会、家庭、学校和个人等。

1. 自然因素

扫码阅读

自然因素是指非人力所能改变的一切客观因素，包括各种由于非人为力量所造成的时空限制、天灾地变等，如洪水、地震等自然灾害产生的破坏，亲人生老病死所招致的挫折等。随着科技的不断发展，人们抵御自然灾害的能力会越来越强，但想要完全避免是不可能的。

2. 社会因素

社会因素是指人在社会生活中所受到的人为因素的限制，包括一切政治、经济、民族习惯、宗教信仰、社会风尚、道德法律、文化教育的种种约束等，如社会上的某些不正之风、不平等的待遇、各种价值观的冲击等，都会对中职生造成影响，使其产生挫败感。

3. 家庭和学校因素

家庭是与中职生联系最为紧密的外部环境，无论是家庭的自然结构、教育方式，还是家长的素质和经济实力出现问题，孩子都会直接或间接地受到伤害，从而遭受挫折。

学校的各项规章制度、教学教育方式、学习风气等，如果与学生的性格、爱好、成长背景等不相符，也容易导致中职生产生挫折感。另外，学生如果感觉中职院校的硬件设施或师资力量不及自己的预期，这种心理落差也会导致挫折感。

4. 个人因素

（1）生理因素

生理因素主要是指个体与生俱来的身体、容貌、健康状况、生理缺陷等带来的限制，如身材矮小、体型肥胖、长相不佳、身体残疾等。

（2）心理因素

需求、动机、气质、性格等心理因素也可能导致自己设定的目标无法实现，从而产生挫折感。具体来说，导致中职生挫折感的心理因素主要包括人格不够健全，经验不足、能力欠缺，认知方式不正确，个人抱负水平过高，动机冲突，需求得不到满足等。

（二）中职生常见的挫折

1. 学业挫折

对于中职生来说，学习是未来立足社会、提高自身竞争力、谋求自身不断发展的前提和基础，每个人都希望自己能掌握正确的学习方法，取得良好的学习成绩，但这却不是每个人都能做到的。理想与现实的差距很容易给中职生造成一定的困扰，导致挫败感的产生。

2. 经济压力

有的学生家庭经济困难，缴纳高昂的学费已经让家庭捉襟见肘了，生活费更是寥寥无几或需要学生自己勤工俭学挣得。其中一些人可能不甘于艰苦朴素的生活，羡慕高消费，但家庭又无法满足他们的各种需求，从而导致心理长期不平衡，产生自卑感和挫折感。

3. 人际交往挫折

在学校，来自五湖四海的学生因为语言不同、性格各异、生活习惯相差较大，以及社会交往经验、技巧不足，不可避免地会发生摩擦和冲突。本来外出上学就让很多学生因远离熟悉的家乡、父母和同学感到忐忑不安，一旦出现人际关系方面的挫折，就会加剧他的孤独和无助，从而产生压抑和焦虑心理。

4. 就业挫折

目前，随着高校毕业生的日益增加，人才市场竞争更加激烈，因此，相当多的中职生在就业过程中都曾经体验过各种就业挫折：有的学生缺乏自信，瞻前顾后，没有主见；而有的却趾高气扬，盲目自大，结果高不成，低不就……

课堂讨论

小明是某中职学校 15 岁的男生，因来自农村，觉得自己在服饰、语言、动作，以至风度上都不及城里来的同学，但同时又不甘心，想以优异的学习成绩来显示自己的才能。由于心理压力过大，学习成绩不升反降，他开始出现了处处不如人的严重挫败感。假如你们是小明的同学，该怎么让他战胜挫折、重拾自信呢？

二、提高抗挫折的能力

（一）意识到挫折的存在性

中职生应意识到挫折是客观存在的，人生并非处处美好、舒适，从而在心理上做好准备。如学习、生活、工作、与人交往等活动中都可能出现挫折。

（二）意识到挫折的两面性

挫折的结果一般带有两面性：一方面可能使人产生痛苦的心理，行为失措；另一方面它又可给人以教益与磨炼。中职生应该看到挫折的两面性，不应只见其消极面，而应以乐观的态度对待生活中的挫折。

（三）保持适中的自我期望水平

中职生正值精力充沛、朝气蓬勃的青春年华，生活充满了希望和幻想，对学习和生活难免抱有较高期望和较高要求，但由于对生活中所遇坎坷估计不足，对自身能力、知识水平缺乏全面认识，因此一旦遇到不顺利的事就容易产生挫折感。因此中职生在学习和生活中应根据自己的实际情况确定具体可行的目标，保持中等期望水平，同时注意不可轻易否定自己。

（四）培养积极乐观的人生观

挫折可成为弱者巨大的精神压力，也可成为强者勇往直前的动力。要意识到坚强的性格需要个人有意识的磨炼，绝不是一朝一夕就可以达到的。歌德曾说过：倘不是就眼泪吃过面包的人是不懂人生之味的。所以，要树立坚定的目标，培养乐观精神，这样一来就能从逆境中奋起。

案例分享 》》》

从困难和挫折中走出来

王朝正外表阳光、帅气，性格也十分开朗，初中三年一直是班里的学习委员，老师和家长都断定他一定会考上重点高中。可是，就在中考前的一个月，王朝正上学的途中发生了严重的交通事故，开车送他上学的爸爸不幸车祸身亡，他自己的身体也多处骨折，住进了医院。

经历了如此大的变故，王朝正的心里笼罩了浓浓的阴云，父亲的离世让他备感内疚，"如果不是那天我起晚了，爸爸就不会开车送我上学。如果爸爸不急着帮我赶时间，就不会永远地离开我了！"身体和心理的双重折磨，彻底打垮了王朝正，他中考落榜了，无奈之下，选择了中职校就读。

开学的日子一天天临近，王朝正却是心灰意冷，"我的前途被我自己亲手葬送了，我也再没有机会回报亲爱的父亲了。"他带着悲观、沮丧的心情来到了中职校。随着时间一天天过去，紧张、忙碌的专业课学习让他重新找到了生活的目标。"父亲虽然不在了，家里还有我这个男子汉，我要让母亲过上幸福的生活。"王朝正重新拾起了生活的信心与勇气，投入到充实的职校学习生活中。三年后，王朝正凭借着自己扎实的文化课基础，勤奋努力的学习态度和精益求精的探索精神，成为学校的优秀毕业生，被推荐到某大型公司任经理助理，并被公司选送就读某名校的经济管理专业。王朝正用自己坚韧的毅力、勇敢的信念战胜了困难和挫折，他也最终实现了自己的大学梦。

（五）创设条件，改变环境

情绪反应总是在一定的社会情景中产生。因此改变引起挫折的环境，转移注意力，就可以达到消除消极情绪的效果。

（六）积极投身社会实践

坚强的意志品质是战胜一切困难的法宝，人的意志总是在实践中培养和锻炼出来的。中职生之所以心理承受能力弱，其中一个主要原因就是缺乏社会实践的锻炼，缺乏艰苦生活的磨炼。中职生应积极投身社会实践活动，在实践中不断磨炼自己，提高自己的意志力，培养坚强的意志品质。

（七）学习和掌握一些调节情绪的方法

中职生在遭受挫折打击之后，可以积极主动地进行内在的消化和调适，以恢复心理平衡，避免受挫可能造成的危害。

课堂讨论

2020 年 7 月 7 日，贵州某公交司机因不满于拆迁决定，蓄意报复社会，于工作时间饮酒后将公交车径直开至对面车道，公交车撞坏栏杆后坠入水库，最终致 21 人死亡，15 人受伤。以该案件为例，试问：进行不良情绪宣泄的过程中应该注意什么问题？

三、珍惜生命

（一）生命的意义

1. 生命是人们享受一切权利的基础，是创造有意义人生的前提

只有生命存在，才能享受教育、劳动、休息、参与政治生活等多种权利，才有可能对他人、对社会有所贡献，并在对他人、对社会的奉献过程中实现生命的价值，体现人生的意义。

2. 生命是一个奇妙的过程

生命是一个过程，这个过程充满了无限的欢乐，也会有一些烦恼、困难和痛苦。正确认识生活中的苦和乐，才能体会到生命的美好。

（1）生命的力量是人类社会进步的最重要力量

如果每个人都能成为一个真正有价值有意义的人，那么这个社会一定是美好的社会。一个关注自己生命发展的人，必定是有人性光辉的人，因为人只有在人性的基础上才能得到真正的发展。生命发展的人，一定是有爱心的，也一定是有奉献精神的。如果人们都知道了生命是最可宝贵的，都以珍惜生命为根本。那么人人都会安居乐业，个个都能礼让有节，没有过多的贪欲，也没有过多的纷争。社会一定会太平。这是珍惜生命的必然结果。

（2）生命的发展带来的是文明的力量

生命的每一次重大的发展都闪耀着真正的人性的光辉。只有靠生命发展推动的社会进步，才是真正的文明的人类的发展方向。仅靠财富的堆积和财富的掠夺带来的社会发展，不是人类社会发展的真正方向。

案例分享 >>>

为生命画一片树叶

只要心存相信，总有奇迹发生，希望虽然渺茫，但它永存人世。

美国作家欧·亨利在他的小说《最后一片叶子》里讲了个故事：病房里，一个生命垂危的病人从房间里看见窗外的一棵树，在秋风中一片片地掉落下来。病人望着眼前的萧萧落叶，身体也随之每况愈下，一天不如一天。她说："当树叶全部掉光时，我也就要死了。"一位老画家得知后，用彩笔画了一片叶脉青翠的树叶挂在树枝上。最后一片叶子始终没掉下来。只因为生命中的这片绿，病人竟奇迹般地活了下来。

人生可以没有很多东西，却唯独不能没有希望。希望是人类生活的一项重要的价值。有希望之处，生命就生生不息！

（二）珍惜生命，懂得感恩

人的生命是短暂的，也是不可重复的。人在从事任何活动时，应以珍惜生命为前提。因为生命是人生的根本，而我们在日常生活和工作中经常提倡拼命、玩命或耗命，这是错误的。人所创造的一切应能造福于人自身，而造福于人自身莫过于珍惜自己的生命。

是生命给予我们体验生活的机会，是生命赋予我们享受生活的权利，是生命让我们来到这个美丽的世界，是生命让我们拥有一切。请感恩生命，尽管人生充满酸甜苦辣。请感恩生命，让我们在感恩中拥有一份坦然与冷静，得到战胜艰难困苦的勇气和力量。让我们学会感恩，感恩生命，感恩每一天。懂得感恩生命，也将会收获生命的感恩。要真正的懂得感恩，请珍惜生命吧。珍惜生命，是对生命最真的感恩、最好的感恩、最大的感恩。

（三）绽放生命的美丽

生活的道路本来是不平坦的，可是因怕跌跤，而不敢抬起头昂首阔步地大胆向前走，那么生命就会失去应有的多彩。

1. 尊重他人生命

我们应肯定生命，珍爱自己的生命。同时，我们生活在一个大集体中，也离不开他人的帮助，因此我们要尊重他人的生命。尊重他人生命，应从小事做起，尽自己所能，帮助别人。

2. 延伸生命的价值

脚踏实地，从现在做起，从身边的点滴小事做起。生命的意义不在于长短，而在于对社会的贡献。我们要珍爱生命，让有限的生命焕发光彩，并为之不懈地努力，不断延伸生命的价值。生命的价值在于不断超越自我。

我们的生命是有限的，但是我们要利用这有限的生命创造出无限的价值，让我们的生命大放光彩。

案例分享 >>>

张之尧：青春有我，不负韶华

来自徐州幼儿师范高等专科学校的张之尧同学，她在全省众多参选学生中脱颖而出，荣获 2019 年度江苏省"最美职校生"荣誉称号。

张之尧的职业规划非常清晰，一二三年级打基础、练能力，四年级开始做项目，参加各类大赛；同时，学习目标明确，她坚持不懈认真钻研专业知识，刻苦学习，广泛阅读，讲究学习方法，还带动了整个班级的学习气氛。

张之尧坚持学习和学生工作两不误，在完成自己学业和学生工作的同时，注重实践，有计划有重点地参与教师的科研项目，用心配合老师工作。做问卷，做调研，学方法，学思路，张之尧围绕着专业做文章，围绕着学前找项目……

努力终有收获，2018 年，张之尧赴台湾弘光科技大学研学，参加学校辩理竞赛，表现优异，荣获优秀奖。此外，她还获得 2019 年第九届"华文杯"全国师范生学前教育能力测试比赛二等奖，顺利通过了全国幼儿园教师资格证考试。

2018 年，张之尧找准目标，开始大学生创新创业训练计划项目的研究与项目参赛。在指导教师的指导下，她深入社区调研，查找文献，主持的《"老幼结合"——构建新型社区服务体系》成功申报立项。

在做大学生创新创业训练计划项目同时，她深入幼教集团各幼儿园调研，所负责的《木育童心——幼儿园木工课程体系创建》获 2018 年"挑战杯——彩虹人生"创新创效创业大赛项目省级一等奖，全国特等奖。

此外，2019 年张之尧负责的项目《养老育幼同欢乐，老幼传承谱共生——江苏省"老幼共养"模式需求调查研究》获得第十六届江苏省大学生课外学术科技作品竞赛二等奖。

（资料来源：腾讯网："最美职校生"风采 | 张之尧：青春有我，不负韶华。）

课后实践

选 择

人的一生总是充满着许多让我们感到意外的事情，正是因为有了这些意外，我们对人生才有期待，生命对我们来说亦是如此。那我们怎么做才是珍爱生命呢？

假设 1：当你身患绝症，感到万分痛苦时，你会：
（ ）继续生活下去
（ ）放弃生命

假设 2：当你遭遇了让你感到十分绝望的处境时，你会：
（ ）继续生活下去
（ ）放弃生命

假设 3：当你遭遇了一系列让你感到无法面对的打击时，你会：
（ ）继续生活下去
（ ）放弃生命

第三课　健康向上的生活方式

一、中职生生理发展特征

中职生正处在生长发育的关键阶段——青春期，势必会出现这样那样的疑惑。了解中职生生理发展特征，将有利于帮助大家正确认识自己的变化，接纳自己的性别身份，从而驱散烦恼，健康成长。

扫码阅读

（一）身高和体重的变化

青春期是生长发育的第二个高峰期，在这一阶段，人的体型通常会出现比较大的变化。一般来说，整个青春期女生会增高 25 cm 左右，男生会增高 28 cm 左右。身高的增长标志着骨骼的增长，先是下肢增长，然后是脊柱伸长。在身高急剧增加的同时，体重往往也会迅速增加。青春期前体重以平均每年 2~4 kg 的速度增加，到青春期可以 5~8 kg 的速度增加，体重增加是骨骼、肌肉、脂肪和内脏共同作用的结果。中职生已经处于青春期发育的中后期阶段，这时候有些人身体的生长速度逐渐减慢，体型已基本接近成人的标准，趋于成熟。

课堂讨论

小兰今年 15 岁，最近她发觉自己和同龄的其他女孩子相比体型胖了许多，于是决定每天只吃午餐，早餐和晚餐只吃蔬菜和水果，你觉得她的做法科学吗？

（二）性发育和性成熟

男女两性生殖器官的差异为第一性征，进入青春期后，男女除性别以外的其他外部差异，叫做第二性征。男性的第二性征主要表现在喉结突出、声音变粗、长胡须、出现阴毛和腋毛；而女生主要表现为声音高亢、乳房发育、骨盆变宽、阴毛和腋毛也相继出现。

在"下丘脑-垂体-性腺轴（HGP）"的调节作用下，男生的睾丸体积增大，能够产生精子和分泌雄性激素，出现遗精现象。女生的卵巢重量增加，能够产生卵子和分泌雌性激素，出现月经现象。中职生遗精和月经的出现，标志着男生和女生已达到性成熟，具有了生育的能力。

（三）心、肺、脑的功能渐趋完善

中职生阶段，心肌增厚，心缩增强，心功能显著提高，心脏每搏输出量可达到 $60\sim70$ mL，已接近成人水平。一般而言，一个人 10 岁时肺活量只有 1400 mL 左右，到 $14\sim15$ 岁时肺活量可明显增大到 $2000\sim2500$ mL。中职生的脑和神经系统发育已基本成熟，但距离完全成熟还有一定的时间，这时候的内分泌腺还十分活跃，产生的激素促进了脑和神经系统的兴奋，具体表现为推理与论证能力显著提高，容易接受新生事物。同时情绪不稳定，遇事易冲动，思维和注意力较差，但可塑性极强。

二、中职生心理发展特征

（一）情绪特征

中职生的情绪特征具有明显的两极性。具体而言，女生的情绪丰富而又强烈，喜欢感情用事，可能因为一件小事开心到手舞足蹈，也可能因为一件小事愁眉苦脸，且情绪多半是外露的，容易被人察觉到的。男生则不同，他们的两极性主要体现在丰富、强烈的情绪和深沉共存。情绪高涨时表现明显，以致身边的人都能被感染，情绪低落时往往比女生更能压抑自己，不轻易在别人面前表露，一旦表露，往往是直言不讳或者逆反表达。

（二）人际交往特征

中职生正处于人生的探索期，一方面他们拥有"友谊至上"的观点，渴望与人交往，渴望建立和谐的人际关系；另一方面，由于交往面的拓宽、关系的多样化，以及中职生情绪较大的波动性，人际冲突在所难免。

另外，随着性心理的萌芽，他们变得乐意与异性交往，喜欢与异性同学一起参与学习、讨论、参加班级活动等。男生在女生面前，往往表现出健壮、刚强、宽容大度；女生在男生面前则表现出温柔、亲切、热情。这些都是中职生正常的心理表现。

案例分享 >>>

是爱情还是依赖

肖某，某职业院校一年级女生。由于外貌出众，入学不久就被三年级的李某紧追不舍。李某对她十分照顾，无论大事小情都会伴随在她左右，这让刚刚离家不久的肖某感到很温暖，她也慢慢习惯了这种呵护与关怀，于是答应与李某谈恋爱。可是日子久了，肖某发现她与李某在一起的时候并不是发自内心的快乐，她看不惯李某的某些想法和处事方式，甚至会故意躲开他，两人偶尔还会发生口角。肖某开始怀疑，自己对李某到底是爱情还是依赖，这个问题时常困扰着她。

随着生理和心理的发展成熟，职校生对于爱情产生了强烈的渴求，他们希望可以实现自己憧憬已久的爱情理想，但又不能深刻理解爱情的内涵。有的学生产生为了恋爱而恋爱的盲目的爱情观；有的学生则由于独身在外，将对异性的依赖感当成是爱情。

（三）思维特征

正处青春期的中职生在视觉和听觉方面都有了突出的发展，因而他们的反应能力强，观察事物快而准确；他们的语言表达和概括能力有了显著的提高，开始注意在理解的基础上记忆；抽象思维能力也有了进一步提高，开始根据事物的本质特征和内在联系进行较恰当的判断、推理和论证。且男女学生相比，男生的逻辑思维能力更强些，女生的形象思维能力更强些。而接受教育，正是学生挖掘自身思维潜力的重要手段。

但是，一部分中职生因为学习态度、学习方法或是学习习惯的问题，加上情感上容易波动、意志上容易动摇的弱点，错失了这一提升思维能力的好时机，从而造成终生的遗憾。

三、中职生的性心理

（一）性心理的发展阶段

1. 异性疏远期

异性疏远期多指青春期开始的半年至一年时间，这是个好奇与无知并存

的阶段。这时的青少年由于性功能还没有完全成熟，性别意识也是刚刚萌芽，当他们发现彼此间性别的差异时，通常会感到羞涩、腼腆、不安和反感。在心理和行为上表现出不愿接近异性、彼此疏远、男女界限分明、喜欢与同性伙伴亲密相处等情况。

2. 异性接近期

在完全进入青春期之后，随着生理和心理的进一步成熟，青少年对异性之间的关系有了进一步的理解和认识，对性意识的情感体验也开始有了新的变化。异性间的羞涩心理较之前期大大减少，取而代之的是一种情感的吸引，他们相互怀有好感，萌发出彼此接触的要求和愿望，力求成为对异性颇有魅力的人。这个阶段的性意识带有朦胧、向往的特点。

3. 两性恋爱期

这个阶段一般从青年初期的中后阶段开始，是青春期性意识表现和发展相对成熟的阶段，这也是青春期性意识发展的必然结果。两性恋爱期的显著标志是爱情集中于一个异性，对其他异性的关心明显地减少，喜欢与自己选择的对象单独相处而不大愿参加集体活动，且经常陷于结婚的幻想之中。

课堂讨论

恋爱准备小测试

请你根据自己的实际情况，对下列题目做出"是"或"否"的回答。

（1）我清楚地知道我是谁。

（2）我已经充分掌握了从事某一职业的技能。

（3）我对异性的了解不只限于外貌。我也了解他们（她们）的生理和心理特征。

（4）我已经具备成熟的责任感。我敢对自己行为的任何后果承担责任。

（5）我已经掌握了足够多的知识能力，可以参加激烈的社会竞争，并能在社会上立足。

（6）我能应对人生的挫折，没有什么能击垮我。

（7）我对自己的情绪变化很清楚，善于管理自己的情绪。

以上的问题中，你有几个回答是？如果你对这些问题不能做出肯定的回答，那么，恐怕你还没有足够的能力去追求幸福的爱情。那就在耐心的等待中，培养自己爱的能力吧！

（二）中职生性心理发展的特点

1. 性意识增强，渴望了解性知识

进入职业学校后，中职生由于生理发育接近成熟，这个时候会出现性的欲望与冲动，产生有关性的联想和焦虑，情不自禁地对异性产生好感和爱慕。他们对这种反应感到好奇和困惑，因此，希望通过各种渠道了解更多有关性的知识，解除心理的困惑。

2. 对性的关注及表现上的掩饰性

随着性意识的增强，中职生对性的关注程度也明显增强。他们十分看重来自异性的评价，并常按照异性的要求和希望来塑造自我形象，但同时他们又不希望自己内心的想法被他人察觉。因此，会在行为上表现得拘谨、羞涩或冷漠，具有明显的掩饰性。

3. 形成性冲突，渴望性体验

青年期是个体性欲最旺盛的时期，因此中职生容易受到外界的刺激而产生性的冲动，但在学业任务、就业压力及校纪校规的约束下，他们没有条件满足自身的需求，从而形成强烈的性冲突，且十分渴望得到恰当的性体验。

4. 性心理的性别差异性

青少年性心理存在着明显的性别差异性。在对于异性感情的流露上，男生显得较为直接和热烈，女生往往表现得含蓄而内敛；在内心体验上，男生更多的是新奇、神秘和喜悦，女生则是羞涩、敏感和不知所措……

课堂讨论

徐某，某职业学校一年级的学生。在初中时，出于好奇，她开始手淫。进入职业学校后，住集体宿舍，用公共浴室，她会有意无意地与别人比较，并产生了很多疑虑，她担心自己会因为手淫而影响生理健康，担心自己的乳房会发育不良，担心自己会产生性功能障碍等。她渴望得到他人的理解和帮助，于是将自己的担心告诉了身边的朋友，但是朋友不能理解她，甚至回避她，人际关系的疏离加剧了她的疑虑。现在，这种不安和焦虑已经严重影响了她正常的学习和生活。

你认为不健康的性心理会产生哪些危害？又该如何去调节呢？

（三）不健康性心理和行为习惯的危害

不健康的性心理一经出现，如果不及时进行调适，将可能发展成严重的心理问题。轻者会精神涣散、萎靡不振，失去为人生奋斗的动力，重者则可能情绪失控，做出违法犯罪的事情，进而彻底毁掉自己的人生。另外，中职生的生理和心理都还没有完全成熟，不健康的行为习惯一方面有损身心健康，另一方面可能对当事人的人生产生巨大的影响。

（四）培养健康的性心理

1. 科学地掌握性知识

性科学是一门综合的学科，它能够帮助人们了解自己性心理的发展，学会承担自己的性别角色，从而正确地调适自己的性心理。科学的性知识可以从书籍、网络等正规途径获取，也可以在与同龄人进行交流和沟通的过程中获得。

2. 积极进行自我调适

为了不影响正常的学习、生活和身心发展，中职生应对不良的性心理困扰进行积极地自我调适，以减轻各种压力和不良情绪带来的危害。

首先，中职生要树立正确的人生观和远大的理想，将主要精力集中在学习和未来发展等方面，通过转移注意力和升华情感的方式达到缓解压抑情绪、释放性能量的目的。其次，积极参加各种智力比赛和体育锻炼，使心理和生理得到充分的放松，进而使性心理问题导致的焦虑情绪得到缓解。另外，建立正常的异性交往关系，也可促进中职生心理的进一步成熟。

3. 塑造健康的人格

从某种角度来看，性是人格的一面镜子，一个人的责任、尊严及对他人的尊重程度都会在两性关系中有所体现。

对于中职生来说，个人的思想观念、意志品质都会决定自我对性的控制程度。因此，要积极树立健康的观念，培养坚强的意志品格，增强性道德和性法律意识，进而规范自己的行为，克服性冲动带来的心理冲突，合理地调节各种情绪和心态，塑造健康的人格。

解忧杂货店

同学们自由组合成立"解忧杂货店"，并讨论决定"杂货店"的经营宗旨以吸引"顾客"。每个人都是自己组内的"解忧大师"，同时也是其他组的"顾客"。要求每位同学自行挑选"解忧杂货店"，来解决自己的一个内心困惑，然后将写有自己困惑的信匿名投入到该店"信箱"里，该店的"解忧大师"们收到信件后要给出解忧方案，贴在店里的"公告栏"里，再由寄信人打"√"或"×"表示满意与否。（"寄信"和评价环节都可通过同学们依次轮流进入教室、其他同学回避的方式进行。）

第四课　做情绪的主人

一、情绪及其产生的困扰

（一）情绪的含义

情绪是客观事物（刺激）能否满足人的生理和精神需要的心理体验。客观事物满足了人的需要就会产生积极的肯定性（正性）情绪，如快乐、兴奋、愉快、幸福等；客观事物不能够满足人的需要就会产生消极的否定性（负性）情绪，如悲伤、愤怒、厌恶、失落等。

扫码阅读

（二）情绪问题产生的困扰

现代科学证明，情绪可以通过大脑来影响心理和生理活动。当我们产生某种情绪的时候，体内的生理指标会发生一系列的变化，如心跳速率、呼吸的节奏、血压的升降等。积极的情绪能够改善人的精神面貌，充实人的体力和精力，促进人的感知、记忆、思维、意志等心理活动。

然而，一旦我们受到强烈的外部刺激或长期处于消极的情绪刺激状态下，刺激经传入神经作用于大脑，经过大脑的分析加工产生过激或消极的情绪体验，这种不良的情绪体验受到压抑便会导致心理的失衡，引起正常生理功能的减弱或紊乱。反过来，身体的不适和病痛又会引起不良情绪的产生和积压，引起生理指标进一步变化。如此恶性循环，最终必将导致疾病或加重疾病。

二、中职生情绪的特点

（一）波动性与两极性

职业学校学生的情绪年龄正处于未成年人与成年人的转变阶段，在情绪状态上反映出两种情绪并存的特点。一方面，情绪趋于稳定和成熟；而另一方面，与成年人相比，职业学校学生"心血来潮""血气方刚"，其情绪带有明显的起伏波动性，就像"小孩的脸，六月的天"，说变就变，容易从一个极端走向另一个极端。情绪有时会表现为大起大落、大喜大悲的两极性。取得成绩时，兴高采烈，沾沾自喜，甚至得意忘形；遇到挫折时，又会悲观失望，心灰意冷，甚至一蹶不振。

（二）情绪反应迅速，具有冲动性

职业学校的学生由于性成熟、性腺功能的作用，性激素的分泌会通过反馈增强下丘脑部位的兴奋性，使下丘脑神经过程总趋势表现出兴奋性亢进，但心理发展的相对缓慢，心理调节机制的不完善，缺乏对外界变化的控制力和应变能力，造成大脑皮层下中枢之间发生暂时性平衡失调，因而情绪表达常常带有较强的冲动性，是"急风暴雨"式的。喜怒哀乐常常一触即发，难以控制。"喜"往往表现为手舞足蹈，欣喜若狂，欢呼雀跃；"怒"则表现为火冒三丈，暴跳如雷，甚至大动干戈，有时还可造成一些连他们自己都不希望出现的后果。

（三）情绪延迟性及趋向于心境化

情绪的心境化，是职业学校学生的情绪的重要特点。初中学校学生的情绪往往是受制于外界情境，随着情境的变化，情绪反应来得快，消失得也快。而职业学校学生的情绪反应的发生，往往不会随着外界的刺激环境的改变而随即消失，而表现为一定的延迟性，趋向于心境化。

（四）情绪内容丰富，具有多样性

职业学校学生的情绪内容的丰富性与深刻性较之中职生有了很大的发

展。他们有着强烈的求知和成才欲望，能够自觉地学习科学文化知识；他们十分渴望得到别人的理解与尊重，十分渴望与同龄人广泛交往。

（五）压抑性与矛盾性

职业学校学生常常感到自己的情感不能尽情地得到倾诉，不能得到充分的满足和寄托，时常感到情绪的压抑。

（六）内隐性与掩饰性

职业学校学生的情绪表现，虽然有时也会喜形于色，但已经不像少年时期那样坦率直露，进入职业学校后，很多人变得内敛了，明明自己不高兴，却非要装出一副若无其事的样子。

三、中职生常见的不良情绪及成因

（一）焦虑

焦虑是伴随着某种不祥预感而产生的一种内心不安的紧张情绪，是紧张、害怕、不安、担忧和烦躁等交织在一起的复杂情绪体验。焦虑是中职生常见的情绪状态，当他们对未来感到迷茫，对结果没有把握，或是在重大事情来临时，往往会产生这种情绪体验。

课堂讨论

李某，女，某中职学校一年级的学生，自述从小就容易对考试产生紧张、焦虑的情绪，每次考试来临前都会坐立不安。她总担心自己在考试时出问题，强迫自己抓紧时间看书复习，课间不敢长时间休息，可即使是这样，复习效率也并不高。每到考试前的一天或几天，她就会突然拉肚子，浑身不舒服。现在快要到期中考试了，李某想到这些就害怕，怕自己再出现这样的现象，影响考试。

你有过李某这样的考试焦虑吗？通常什么样的事情能够让你感到焦虑？

（二）抑郁

抑郁是指精神受到压抑而产生的一种消极的情绪状态，常常与苦闷、不满、烦恼和困惑等情绪交织在一起。抑郁情绪的形成原因是复杂的，遗传因素、内分泌失调、性格孤僻、生活遭遇挫折等均可以致使中职生陷入抑郁状态。

（三）恐惧

这里所说的恐惧是带有病理性特征的恐惧，即对常人不害怕的事物感到恐惧，或恐惧体验的强度和持续时间远远超出常人的反应范围。中职生若容易产生恐惧情绪，多半是因为个人敏感、孤僻、胆小，具有较强的依赖性。

（四）易怒

易怒是指容易因不经意的小事而愤怒的情绪状态。中职生的内分泌系统处于空前活跃的时期，大脑神经的抑制和兴奋发展不平衡，控制力较差。他们在遇到某些事件或外界刺激的时候，往往缺乏冷静的分析和思考，容易产生愤怒情绪，出现攻击行为。

（五）自卑

自卑是指一个人严重缺乏自信，常常认为自己在某些方面或各个方面都不如别人，具体体现在遇事不相信自己的能力，办起事来爱前思后想，总怕把事情办错被人讥笑，且缺乏毅力，遇到困难畏缩不前。总之，就是因自我评价过低，而产生了极大的不自信。

（六）冷漠

冷漠是指个体对外界刺激缺乏相应的情感反应，对生活中的悲欢离合无动于衷、漠不关心的情绪状态。存有冷漠情绪的中职生大多对周围的事物不感兴趣，对周围的人态度冷淡，对自己的前途和国家的命运漠然置之，习惯将自己游离于社会群体之外。而事实上，这种情绪往往并非逆来顺受或冷漠无情，而是压抑内心痛苦和挫折情绪的消极表现形式。

课堂讨论

模拟气象预报员进行"一周情绪报告"：在 3 分钟的时间内，用天气预报的形式把自己过去一周的情绪变化描述出来，描述得越详细越好，说明情绪变化的原因，并尽可能体现出个人特点。

四、中职生情绪的管理

为防止情绪问题因未得到及时管控，而产生严重的后果，中职生应明确健康情绪的表现，然后以此为标准进行情绪管控。

（一）正确表达情绪

正确地表达情绪是保持健康情绪最根本的要求。一方面，中职生应在适当的情境正确地表达自己的情绪体验。例如，取得满意的成绩，要表达喜悦的情绪；与同学分别，要表达悲伤的情绪等。另一方面，中职生情绪反应的强度和持续时间应与引发情绪的刺激强度相适应。例如，面对小的事情，情绪反应要弱，持续时间要短；遇到重大事件，情绪反映可以较为强烈，持续时间也可适当延长。

（二）调整不良情绪

1. 适度宣泄

适度的情绪宣泄可以缓解压力，调整心情，同时消除伴随情绪产生的生理反应。中职生可以采取社会允许的方式坦率地表达自己的情绪体验，如悲伤时放声大哭，愤怒时高声呐喊。此外，向他人倾诉、进行艺术创作和求助心理医生等也是宣泄情绪的有效方法。

2. 转移调节

转移是个体主观上把注意力从消极或不良的情绪状态，转移到其他事物上的一种情绪调节方法。当某种不良情绪产生时，可以通过有意识地转移注意力来进行调节和控制。例如，在感到苦闷的时候，可以通过听音乐、散步、看书等方式转移注意力，缓解不良情绪。

3. 行为补偿

行为补偿要求中职生能够将消极的情绪转化为行动的力量，进而获得积极的情绪体验，以求得心理补偿和平衡。例如，通过努力奋斗，获得某一领域的成功，建立自信，以此来平衡由生理缺陷所引起的自卑和失落等情绪。

4. 自我暗示

当不良情绪产生时，中职生可以通过积极的自我暗示来激励自己，从而

放松紧张的心情，使不良情绪得到缓解。例如，在愤怒时默念"冷静""三思而后行"，紧张时告诉自己"我有信心""我能行"，还可通过日记、书信等方式进行自我激励和自我安慰等。积极的自我暗示可以有效调节自卑、焦虑、抑郁及恐惧等情绪，促进健康情绪的发展。

5. 转换认知角度

转换认知角度要求中职生能够摒弃以自己的目的、需要、喜好及价值观念作为衡量事物好坏标准的习惯，从积极的方面去看待引发不良情绪的事件，纠正认知偏差，以消除不良情绪。

案例分享 >>>>

因情绪管控不当而受处罚

白某，某中等职业学校二年级学生。新学期调换寝室，正好多出他一个人，不得不与其他系的同学同寝，为此，他与原室友闹得很不愉快，情绪一直不好。某日，他不小心将墨水溅到下铺的床单上，下铺同学回来后十分不满，抱怨的同时又说起调换寝室的事："怪不得被人挤出来，还真是没错！"这一句话把白某激怒，于是，他将心中的积怨全部发泄到下铺同学身上，冲动之下，他拿起桌上的水果刀将下铺同学刺伤。后被学校处分，并处以罚款。

（三）培养健康情绪

1. 保持积极的心态

保持积极的心态，就要善于从周围的生活细节中发现积极的方面，主动创造使自己感到快乐的环境和生活方式，并能够充分地接受现实、享受快乐。保持积极的心态还应追求上进，以乐观的心态去面对困难，在战胜困难的过程中体味快乐。

2. 学会宽容

宽容的对象既包括自己也包括他人。不要苛求自己，不要给自己订立不切实际的目标，以避免因达不到预期目标而产生自卑和自责的情绪。要善于接纳他人，懂得给予他人理解和关怀，善于原谅他人的过错和不足，以避免人际冲突带来消极的情绪体验。

3．广交朋友

中职生如果可以提高自己的社交能力，不仅可以避免与别人发生冲突，也可以让自己有更愉快的交往体验。一般地，广交朋友应该从提高两种能力入手，即对社会情境的辨析能力和对他人心理状态的洞察力。

4．自我激励

自我激励是人们保持积极情绪的动力源泉之一。在遇到困难、失败、困惑或不幸时，应学会用生活中的哲理、优秀人物的事迹或积极的思想观念来激励自我，同各种不良情绪作斗争，提高自信心，增强意志力，驱除自卑感，从而保持愉快的心境，勇敢地面对生活。

5．幽默调节

幽默调节要求我们在身处困境时，通过风趣幽默的方式来调节不良情绪。幽默是一种成熟、智慧的表现，是一种乐观、洒脱的生活态度。通过幽默可以避开冲突的锋芒，营造一种轻松的氛围，从而缓解紧张、压抑的情绪，弱化心理冲突，获得愉悦的情绪体验。

课后实践

情 绪 词 典

请将你所想到的情绪写在下面的方框里，尽量为你所写的情绪配上图片，作为每一种情绪的提示。

（1）请用表演的方式，将你所写的情绪呈现在同学面前。

（2）思考：你是根据什么判断出这种情绪的？

（3）除根据面部表情，你还可以根据什么判断一个人的情绪？

（4）请用不同的语调和音量来表达句子"我不认识你"，体验所表达出的情绪有何不同。

第三单元　立足专业　谋划发展

当我们把自己的专业知识学以致用与社会实践相结合时，你就能明确自身未来的发展方向。职业发展要从所学专业起步。为此，我们要学好学校开设的各类课程，努力提高学习能力，在职业实践中传承和弘扬工匠精神，不断提升职业素养，为自身成长、成才给足动力。

学习目标

认知：了解所学专业对应的职业群及演变趋势。理解提升职业素养的重要性。掌握提升职业素养的方法。明确职业岗位对从业者心理素质和知识技能的要求。

态度：理解践行工匠精神必须从日常生活做起，培养专注认真、精益求精的品质，自觉成为工匠精神的传承者和弘扬者。

运用：根据主客观条件制订职业生涯规划。

引入案例

我的专业对社会有什么作用

专业是依据社会经济发展、产业结构的变化以及市场对人才需求而设置的。为了应对经济社会发展提出的新要求，2019年中等职业学校专业目录新增了46个专业。

每个专业都有重要的社会价值。如新增家庭农场生产经营专业，是为了服务家庭农场、专业大户、农民合作社、农业产业化龙头企业等新型农业经营主体对人才的需求，加快推进现代农业、农村经济发展和促进农民增收；新增物联网技术应用、服务机器人装调与维护、移动应用技术与服务、网络信息安全等专业，是为了服务物联网、智能机器人、移动应用、信息安全等新产业；新增跨境电子商务、国际货运代理、商务阿拉伯语、商务泰语等专业，是为了服务"一带一路"建设，发展新兴对外贸易模式，推进沿线国家的经贸往来；新增康复辅助器具技术及应用、智能养老服务、幼儿保育、社会工作等专业，是为了支持残疾人服务、养老服务、托育托幼等社会服务事业发展。

资料来源：作者整理。

思考：你所学的专业是什么？对社会发展有哪些重要作用？

第一课　发展要立足专业

一、学好专业是第一步

在校期间进行专业学习，是为将来从事某一职业做准备的。可以说，专业学习是我们打开职场大门的一把金钥匙。在工作岗位上，如果没有一定的专业知识、专业技能，不具备从业所必需的本领，就无法履行岗位职责。这就像司机不会开车、护士不会打针、教师不会讲课一样。因此，

扫码阅读

在就业竞争日趋激烈的形势下，只有具备扎实的专业知识和过硬的专业技能，才能在就业竞争中占有优势，为顺利就业创造有利条件。

每一个专业既可以对应一个职业，也可以对应一个职业群或几个相关的职业群，甚至对应一个或几个相关的行业。例如，文秘专业可以与前台接待、行政助理、档案管理等职业相对应。

专业与职业既有区别又有联系，专业为职业服务，职业对专业具有引领的作用。每一个专业都为若干相近的职业群提供必要的基础知识和基本技能。比如，物流专业的学生可以在物流公司、企业物流配送中心工作；计算机专业的学生既可从事多媒体设计、动漫制作工作，也可以从事网络维护、程序开发、计算机应用与维护等工作。

在校学习期间，我们应该全面、正确地看待所学专业与职业群的对应关系，了解所学专业对应的职业群及其所需要的专业知识和技能，形成切实的职业理想和目标，加强专业学习和训练，做好步入社会的准备。

通过对毕业生的跟踪调查分析，发现他们所学专业与所从事的职业之间主要存在五种关系，如表 3-1 所示。

表 3-1　专业与职业的五种关系

特征	基本解释	特点	建议
专业包容职业	在专业领域内发展职业。一生的职业发展基本上限制在专业领域内	个人选择的职业与所修的专业高度一致	学精专业
专业为核心	以专业为核心发展职业。一生的职业以专业为核心，有较大的扩展	个人选择的职业与所修的专业较一致，但职业发展明显超越专业领域	学好专业；选修与职业发展一致的课程
专业与职业部分重合	以专业为基础发展职业。一生的职业发展是在专业基础上，有重点地沿某个方向拓展	个人选择的职业与所修的专业部分一致。重点掌握某些专业技能的同时，注重其他专业技能的学习	学好专业；辅修其他喜欢的专业
专业与职业有关系	一生的职业发展与专业基本无关或在专业边缘发展职业	个人选择的职业与所修的专业基本不一致	保证专业合格；辅修其他合适的专业，可做专业调整
专业与职业分离	一生的职业发展与专业完全无关	个人选择的职业与所修的专业很不符合	尽量调整专业，或辅修其他专业

在校中职生可以根据自己的职业目标（理想），判断其与自己专业的关系，合理安排在校期间的学习内容（学业），做好职业生涯规划，避免或少走弯路，使自己能够尽快走向职业发展道路。

智慧之光

使人人都有通过辛勤劳动实现自身发展的机会。

人才是实现民族振兴、赢得国际竞争主动的战略资源。

努力形成人人渴望成才、人人努力成才、人人皆可成才、人人尽展其才的良好局面。

——十九大报告

二、提升职业素养

（一）职业素养的内容

职业素养是指职业内在的规范和要求，是在从业过程中表现出来的综合品质，其内容包括职业道德、职业知识、职业技能、职业心态、职业行为习惯。

1. 职业道德

职业道德是指人们在职业生活中应遵循的基本道德，即一般社会道德在职业生活中的具体体现。职业道德的具体表现为：爱岗敬业，忠于职守；遵纪守法，诚实守信；和睦互助，团结协作；服务群体，奉献社会；勇于竞争，不断创新。

2. 职业知识

要做一名符合职业要求的从业者，就必须具备符合职业要求的专业知识。要建立自己科学合理的知识结构。要想在一定领域取得卓越的绩效，知识结构应该是以专、精为主，以广、博为辅，特别要注意自己专业知识的深度和厚度，努力成为一个领域、一个专业或一个方面不可替代的"专家"。

案例分享 >>>

福尔摩斯是英国作家柯南道尔笔下的世界著名侦探，他勇敢机警，具有高超的侦探、分析、推理、判断才能。比如，瞟一眼，他就可以猜出某人的大致经历，他能够辨识一百四十多种烟灰，熟悉各种不同职业人的手形，就凭裤管上的几片泥点，也可以判断罪犯作案的行迹。

那么，福尔摩斯究竟掌握了一些什么知识才使他独具慧眼呢？柯南道尔在《血字的研究》一文中给我们开出了一张很有意思的福尔摩斯知识简表：

（1）文学知识——无。

（2）哲学知识——无。

（3）天文学知识——无。

（4）政治学知识——浅薄。

（5）植物学知识——不全面，但对于莨蓿剂和鸦片却知之甚详。对毒剂有一般的了解，而对于实用园艺学却一无所知。

（6）地质学知识——偏于实用，但也有限，他一眼就能分辨出不同的土质。他在散步回来后，曾把溅在他裤子上的泥点给我看，并且能根据泥点的颜色和坚实程度说明是在伦敦什么地方溅上的。

（7）化学知识——精深。

（8）解剖学知识——准确，但不系统。

（9）惊险文学——很广博，他似乎对近一个世纪中发生的一切恐怖事件都知之甚详。

（10）提琴拉得很好，善使棍棒，也精于刀剑拳术。

（11）关于英国法律方面，他具有充分实用的知识。

从这张简表你可以发现，福尔摩斯并不是无所不知的天才，他的知识是有着自己独特的结构的。

此案例告诉我们，做出出色业绩仅靠一门知识是远远不够的，必须有相关多门知识，知识面要广、要博，还要适当地杂；必须明确自己的专业知识方向，并做到专、精、细、深，具有系统性，有自己独特的认识和见解；与实现职业目标和完成工作绩效无关的知识甚至可以不要；学一些自己感兴趣的知识，丰富自己的生活，例如琴棋书画等。

3. 职业技能

职业技能是指从业者在专业知识和专业技能方面表现出来的状况和水平。中职生通过职业教育可以熟练地掌握一些专业技能，进而在以后的工作中，能够将专业技能转化为职业技能。

智慧之光

广大青年要牢记"空谈误国、实干兴邦"，立足本职、埋头苦干，从自身做起，从点滴做起，用勤劳的双手、一流的业绩成就属于自己的人生精彩。要不怕困难、攻坚克难，勇于到条件艰苦的基层、国家建设的一线、项目攻关的前沿，经受锻炼，增长才干。

干一行、爱一行，专一行、精一行。

——习近平

4. 职业心态

职业心态是指从业者根据职业的需求表露出的心理情感，包括就业意识和择业意识。其中，就业意识是指从业者对自己从事的工作和任职角色的态度或看法；择业意识是指从业者希望从事的职业。职业意识既可以影响个人的就业和择业方向，也可以影响整个社会的就业状况。

5. 职业行为习惯

职业行为习惯是指我们在工作、学习过程中培养的习惯。良好的职业行为习惯可以使我们从更高的层面认识职业兴趣，发掘职业兴趣。没有职业行为习惯，职业兴趣就只剩下空想，因此，我们需要培养良好的职业行为习惯，如定期整理工作心得或学习笔记。

（二）提升职业素养的重要性

1. 提升职业素养是中职教育的要求

中职教育是以就业为导向为生产、建设、管理、服务一线培养数以千万计的高素质劳动者和应用型专门人才。目前，不少中职生存在着集体主义思想淡薄，责任心差，缺乏合作精神，怕苦、怕累，学习懒惰，纪律松弛，挥霍浪费等不良品质。这样的学生的职业素养一般不会好，最终难免被社会所淘汰。目前对中职生的职业素养培养还是一个薄弱环节，一些中职生对加强职业素质教育不以为然，不能够认真对待职业技能训练时的严格要求，职业素养表现堪忧。如果学生毕业时很难就业，家长的教育投资得不到回报，人们对中职教育的不满势必会增加，这必然不利于中职教育的发展。

2. 提升职业素养是中职生就业的需要

中职生是一个相对特殊的社会群体，他们面临着由学生向职业人的转变，校园往往是他们走向社会的最后训练基地。虽然各行业都有各自的行规业律，但各个行业对求职者的基本职业素养要求是一致的。因此，在学习过程中，要把形成优秀的职业道德品质和追求高尚的职业理想结合起来，培养中职生热爱本职工作的敬业精神和奉献意识，使中职生深刻感受到自己将来的社会责任和使命，树立正确的就业观念和创业理念。从个人发展的角度来看，只有具备了良好的职业素养，才能较快地适应职业岗位的要求，进而成长为训练有素地骨干人才，为自己进一步又好又快地发展提供平台。

（三）提升职业素养的途径

课堂讨论

在校期间，我们可以通过哪些活动提升自己的职业素养？

中职生应当根据市场经济的要求，不断调整和充实自己，提升自身职业素养，增强谋生的本领，从而使自己更好地就业或创业。

1. 增强自信心

自信心决定着中职生对自己能力的判断，能够使中职生认可自己的能力和价值，保持积极、进取的工作态度。我们可以通过积极参与各种实践活动，来增强自己的自信。

2. 学会调整心态

良好的心态可以帮助我们客观全面地评价自己，正视自己的优缺点，从而在以后的工作中扬长避短。例如，可以用"我可以""我愿意"这样的积极暗示，从内在改变自己。

3. 提高沟通能力

在当今社会，除专业技能以外，企业越来越重视从业者的"软技能"。所谓软技能，是指情绪控制能力、人际关系处理能力、沟通能力等。其中，有效的沟通可以帮助我们建立良好的人际关系，提高办事能力。我们可以通过了解沟通禁忌、掌握沟通技巧等，来提高自己的沟通能力。

拓展阅读

常用的沟通技巧

（1）在与他人沟通过程中，应照顾他人的感受，不要只顾发表自己的看法。

（2）在与他人沟通时，尽量用建议代替批评，学会用欣赏的眼光看待他人，用善意的语言夸赞他人。

（3）做好自我管理，学会换位思考，主动关怀别人。必要时，还需要做好沟通前的准备，具体包括明确沟通目的，搜集沟通对象的资料，决定沟通的时间、地点与进度安排。

课后实践

填制"专业准备"表

从所学专业角度分析，你如何为职业发展做准备，填写表 3-2。

表 3-2　专业准备

序号	知识点	要求的内容	努力方向
1	主要的专业课程		
2	我的专业对应的职业群		

（续表）

序号	知识点		要求的内容	努力方向
3	我将要从事的职业对职业素质的要求	职业道德		
		职业知识		
		职业能力		
		职业态度		
		身心素质		
4	所需职业资格证书			
5	我喜欢的专业明星及其取得的成就			

第二课 弘扬工匠精神

一、工匠精神的内涵

对于工匠精神包含的素质目前没有统一的说法，但工匠精神的目标都是一致的，都是打造本行业最优质的、其他同行无法匹敌的卓越产品。因此，工匠精神更多的是从业者专心致志、坚持不懈、精益求精的品质。失去了这些品质，工匠精神也将变为空谈。

扫码阅读

拓展阅读

工匠精神大家谈

关于什么是工匠精神，4位不同身份和角色的人从自身的认知和实践角度探讨着。

中国航天科技集团公司一院211厂特级技师高凤林认为，工匠精神可以从三个层次来理解，即思想层面：爱岗敬业、无私奉献；行为层面：开拓创新、持续专注；目标层面：精益求精、追求极致。不能机械地理解为是手工劳动者应该具备的精神，它其实是以产品为牵引，涵养一种专注精神，让人用心用脑、精益求精，追求卓越的效果或者目标。提倡工匠精神，不仅可以帮我们养成严谨、重视技能、形成专注的习惯，以此生产出更好的产品；还能作用于人本身，让个人在高度工业化和商业化的社会中找到自我认同。

北京大学经济学院党委书记、教授董志勇认为，工匠精神可以概括为四个方面：精益求精、持之以恒、爱岗敬业、守正创新。精益求精是工匠精神最为称赞之处，具备工匠精神的人，对工艺品质有着不懈追求，以严谨的态度，规范地完成好每一道工艺，小到一支钢笔、大到一架飞机，每一个零件、每一道工序、每一次组装。持之以恒是工匠精神最为动人之处。具备工匠精神的人是向内收敛的，他们隔绝外界纷扰，凭借执着与专注从平凡中脱颖而出。他们甘于为一项技艺的传承和发展奉献毕生才智和精力。爱岗敬业是工匠精神的力量源泉。"爱岗敬业"是中华民族的传统美德，是一份崇高的精神，"问渠那得清如许，为有源头活水来"，正是爱岗敬业精神激励着一代代工匠匠心筑梦。守正创新彰显了工匠精神的时代气息。大国工匠们凭借丰富的实践经验和不懈的思考进步，带头实现了一项项工艺革新、牵头完成了一系列重大技术攻坚项目。他们在各自工作岗位上的守正创新正是当今我国时代精神的最好表现。

全国总工会宣教部部长王晓峰认为，工匠精神的内涵有三个关键词：一是敬业，就是对所从事的职业有一种敬畏之心，视职业为自己的生命；二是精业，就是精通自己所从事的职业，技艺精湛，我们熟知的大国工匠，个个都是身怀绝技的人，在行业细分领域做到国内第一乃至世界第一；三是奉献，就是对所从事的职业有一种担当精神、牺牲精神，耐得住寂寞，守得住清贫，不急功近利、不贪图名利。敬业反映的是职业精神，是前提；精业反映的是职业水准，是核心；奉献反映的是个人品德，是保障。可以说，新时期的"工匠精神"，是劳模精神、劳动精神的重要体现。"工匠精神"，不仅限于企业生产，而是包括政府机关在内的各行各业，都有一个敬业、精业、奉献的风气。

中国航天科技集团公司直属工会李梅宇认为，工匠精神是一种精神，也是一种品质，一种追求和一种氛围。具体含义方面，与前面几位的总结异曲同工，应该包括以下几个精神：爱岗敬业、无私奉献的孺子牛精神，大国工匠无一例外是干一行爱一行的爱岗乐岗者。善于学习，勤于攻关的金刚钻精神，大国工匠都是爱学习善学习的，是持续改善、勇于创新的推动者。专心专注、精益求精的鲁班精神，是努力把品质从99%提升到99.99%的精神。百折不挠、坚忍不拔的苦行僧精神，大国工匠都是不怕苦不怕难、甘于寂寞、锲而不舍，永远在路上的修行者。传承技术、传播技能的园丁精神，大国工匠都是率先示范、用劳模精神和精湛技能感召人、教育人的典范。打造品牌、追求卓越的弄潮精神，大国工匠守规矩，重规则，也重细节，不投机取巧，都是追求卓越的完美主义者。

（资料来源：人民日报，2016 年 6 月 21 日 20 版。）

（一）专心致志

专注是工匠最宝贵的品格之一，也是现代人最缺乏的品质之一。荀子说："无冥冥之志者，无昭昭之明；无惛惛之事者，无赫赫之功。"这句话的大意是：人要能静下心来保持精神专注，这样才能做到头脑清晰、思虑明澈，从而正确地为人处事，进而建立功勋。不能保持专注是工匠精神的大忌，也是降低效率的头号杀手。于纷乱喧嚣中保持浑然忘我的状态，把所有的智慧与心力聚焦于手头的工作，是工匠最令人肃然起敬的地方。专注就是集中精力、全神贯注、专心致志。专注不是三天打鱼，两天晒网。专注不是一分一秒，专注有时需要一年、十年、二十年、五十年，多年如一日地把一件事情做好，把一件产品做完美。专注是集中了时间、集中了精力、集中了资源、集合了智慧做好一件事，做完美一件产品。正因为专注了，所以才能最大限度发挥自己的积极性、主动性、创造性，创造出最好的产品，达到专业。

拓展阅读

专注力的培养

要达到心无旁骛，一心盯紧自己的工作，不是天生而来，需要后天的专注力的培养。专注是一种锲而不舍的精神，是一种百折不挠的毅力。一个具有专注品质的人，往往懂得珍惜时间。然而，很多人在做一件事情时，会感觉时间不够用。这源于人们做事的陋习。

常见的陋习如下。

第一，犹豫不决。犹豫在本质上是因无法准确判断利弊，分不清什么是最重要且最急迫的东西。

第二，偏离初衷。逻辑思维较差的人很容易在不知不觉中远离最初的目标。说到底，也是心中的天平早已不再把初衷当成最重要的东西了。

第三，轻重缓急不分。不善于统筹安排的人总是事倍功半，然后老觉得自己时间不够。

第四，三心二意。多线作战，一会儿搞搞这个，一会儿做做那个，不能

— 71 —

集中精力解决主要问题，打成了既费时间又耗资源的"添油战术"。

第五，贪大求全。不懂得分解任务，企图不自量力地一口吃成胖子，一旦受挫就很容易丧失信心。

从根本上说，这些陋习都违背了"要事第一"的原则。想要避免这些坏习惯，唯一的办法就是贯彻"要事第一"原则。

首先，我们应该把手头上的事区分为重要而紧急、重要但不紧急、不重要但紧急、不重要也不紧急四种类型。办事时优先处理重要而紧急的事情，然后花少量精力与时间处理不重要但紧急的事情。重要但不紧急的事往往是欠缺条件的，想一鼓作气解决掉是不可能的，这类事就要以长期奋战的态度去对待。其实，当你把重要而紧急的问题解决掉以后，其他三类事情就会自动减少。可以说，优先处理要事是让自己减轻负担的有效办法。

其次，在必要时放弃次要目标，将力量与资源集中于最重要的事情。当战况危急时，指挥官会果断舍弃一些目标，把兵力全部集中在主要战场。许多指挥官贪图一城一地的争夺，忽略了控制战略要点，从而导致全局被动。做其他事情也是一样。我们并不总是时间充裕、精力充沛、资源充足的，捉襟见肘的情况在生活中并不罕见。在这种丝毫浪费都会被放大的情况下，要事第一原则的意义更为突出。所以，我们在不利局面下更要做到摒除杂念，坚持把注意力放在最重要的那件事上。

（资料来源：作者整理。）

（二）坚持不懈

工匠，是坚持不懈者、精雕细琢者。工匠精神蕴含的是坚如磐石、心无旁骛的品质。"贵有恒，何必三更眠五更起；最无益，莫过一日曝十日寒。"要完成一项工作最为难能可贵的就是善始善终地坚持到底。在建功立业的过程中，我们难免会经历孤独、遇到困难、面对诱惑，这时一定要执着地坚持下去，耐住寂寞、稳住心神、经住诱惑，不达目标，决不言弃。事业千古事，非一朝一夕之功。工作推动像工匠求艺那样，一定要耐得住寂寞，稳得住心神，经得住诱惑，要有滚石上山的勇气和气魄，少一些急功近利，多一些真抓实干，一步一步推进，一点一点积累，实现量变到质变的跨越。其实，成功的法则是很简单的，那就是锲而不舍，只要你能坚持到底，你就会赢得最后的胜利。

智慧之光

涓滴之水终可以磨损大石，不是由于它力量强大，而是由于昼夜不舍的滴坠。

—— 贝多芬

世上的事，只要不断努力去做，就能战胜一切。哪怕事情再苦、再难，只要我们持之以恒、坚持到底，我们就有希望，就有成功的可能。

每一个伟大的成功，其秘密都在于不屈不挠的意志力和执着顽强的忍耐力；即便因为屡次失败而遍体鳞伤，仍然痴心不改，坚持到底！

坚持是解决一切困难的钥匙，它可以使我们在企业面临困难时把万分之一的希望变成现实。歌德这样描述坚持的意义："不苟且地坚持下去，严厉地驱策自己继续下去，就是我们之中最微小的人这样去做，也很少不会达到目标。因为坚持的无声力量会随着时间而增长，到没有人能抗拒的程度。"所以，为了我们自己的事业，我们应该坚守执着，也许收获有迟有早，有大有小，但我们坚守执着的本身，就是一种人生的一大收获。坚持是一场漫长的分期分批的投资，而落实是对这场投资的一次性回报。作为一个执行者，他决不会在困难面前停止不前，因为执着于工作本身就是执行者的工作作风。

（三）精益求精

精益求精是注重细节，追求完美和极致，不惜花费时间和精力，孜孜不倦，反复改进产品，把品质从99%提高到99.99%。优秀的工匠是不允许自己出败笔的。因为工匠的作品不光是用来换取金钱的商品，更是倾注了自己心血的艺术品。艺术品岂能容忍败笔呢？对技术精益求精，对作品精雕细琢，不是为了用诚意之作换取"业界良心"的用户口碑，而是为了不愧对自己的"工匠灵魂"。

工序有先后，精细有标准。只有严格控制每一道工序、跟紧每一道流程，做好每一个环节，保证每一个步骤都做到最好，才能有精美的作品问世。越是环环相扣、步步相连的工艺，越需要把每一个步骤都严格做到位、不允许有一点点的偏差才行。假如每一道工序都可允许0.1%的不合格率，那么一个流程（假设由100个工序组成）下来，那产品的合格率就可得知了。所谓失之毫厘，谬之千里就是如此。将每一个步骤及环节都按要求做到位，就是将工作的每一个细节精雕细琢、精益求精。按步骤、依环节，就是按流程、体系做事。

优秀的人往往不想给自己留下败笔与遗憾，尽量把事情做得尽善尽美。特别是那些具有工匠精神的人，为了做出毫无瑕疵的精品，甚至愿意付出常人不敢相信的代价。对于他们来说，品质就是生命，有败笔等于是要了命。这种不断超越自我追求完美的生活态度，在世人眼中是艰辛和痛苦，在大师眼中却是无与伦比的快乐。

案例分享 >>>

军中绣娘潘玉华

2015年9月3日举行的阅兵式上，惊艳亮相的新一代预警机令人印象深刻。预警机是空中指挥所，被预为整个飞行队伍的神经中枢。而这神经中枢里最精密的一部分器件，全靠中国电子科技集团的女技师潘玉华手工焊接而成。凭着一双巧手，工作20多年来，潘玉华焊接了很多我国军工、航天领域先进飞机、卫星的零部件。

追求职业技能的完美和极致，也是潘玉华工作的信条，从初入工厂的年轻学徒到手工焊接领域的顶尖高手，二十一年里，潘玉华从未换过工作岗位。入职之初，她也曾因一时粗心大意，导致元器件变成废品。在一次出差中亲眼看见了飞行员的训练后，潘玉华深刻体会到了自己岗位的重责，"尽管产品制作过程中难免失误，但当我真正看到自己做的东西，谁在使用它，谁在进行操控的时候，我知道对自己要求严格，就是保障使用我们产品的人的生命。"此后，同事们常常看到她为了研究焊接技术和工艺流程独自加班练习的身影。

有一天，设计人员在研发新一代北斗卫星时遇到难题，技术员梁剑东拿着一块有故障的电子板找到潘玉华，梁剑东说："我们需要对这个故障做一个定位，但是我们无法从1155个找出究竟是哪一个。"要求她把硬币大小的电子板上面的1155个"小腿"拆下来，找到故障后再原样焊回。

"以前只是几十根，一百多根，两百多根的，但是对于一千多根，确实是一个挑战。"时间不等人，潘玉华屏气凝神，一动不动，四个小时后焊接终于完成了，因长时间保持一个焊接动作，她的整个身体都有些僵硬。看似不可能完成的任务达到了意想不到的效果。"焊接后的电子板就跟原厂出来的几乎一样，基本看不到解焊过的痕迹，潘玉华真是把每个细节都做到了极致！"梁剑东慨叹。

（资料来源：现代职业教育网：［大国名匠］——潘玉华"军工绣娘"）

二、弘扬工匠精神

（一）弘扬工匠精神的意义

弘扬工匠精神，是新时代的使命呼唤，当前我们正以新的发展理念和新的发展方式推动形成先进生产力，以"质"的提升带动"量"的提高，其中的关键在于创新。创新，终究是由人来完成的，各行各业的劳动者和大国工匠，不仅是我国在各个历史时期取得重大成就的基石，更是新时代建设社会主义现代化强国的主力军。

弘扬工匠精神，是深化供给侧结构性改革的必然要求。当前，有效供给不足与供需错配在我国经济中并存，导致消费外溢，其主要原因就是我国企业及其产品的市场竞争力不强。而企业及其产品的竞争力很大程度上取决于劳动者的竞争力，人的质量决定着产品的质量。因此，激发广大劳动者弘扬工匠精神，提升全社会的勤奋作为、创新发展意识，为培育更多的优秀企业和名优产品奠定坚实基础，对推进供给侧结构性改革有着重要的战略价值。

弘扬工匠精神，是从中国制造到中国智造、中国创造的现实需要。没有劳模群体，难育大国工匠；没有大国工匠，难有大国重器。当下，面对复杂的国际形势，我们在进一步扩大开放的同时，更要练好内功，培育工匠精神，增厚国之底蕴。

（二）弘扬工匠精神的方法

今天，想要在自己平凡的岗位上开拓出自己的一片天地，就要切实践行大国工匠们的精神实质，身体力行，勇于探索，敢于实践，以成就自己的工匠梦和收获自己成功的喜悦和荣耀。为此，可以从以下几个方面做起。

1. 热爱自己的工作

无论工作强度多大，工作多么枯燥无味，我们都要对自己的工作充满激情。同时要爱自己的工作，把工作当事业来做，这样我们就会从中感觉到工作的乐趣，体会到工作任务完成后如释重负的感觉，分享成功后的喜悦与荣耀。也只有这样，工作起来才会越来越有劲，而不会把工作当成谋生的手段。因此，无论我们从事何种工作，都要把自己的本职工作做好，自我约束和要求自己，把自己培养成高技能人才。

2. 勤于学习，善于琢磨

在一线的老工人，大多都没有太高的学历，但有着丰富的工作经验和阅历，他们在板机械领域、焊接、加工和总装行业，可以说个个都是技术能手、行家里手。因此，不论学历高低，只要好学、勤学，善于琢磨、刻苦钻研、勤于总结，寻找到一套适合于自己的工作方法，练就过硬的本领，就能将自己的工作做得更好，使自己的产品更极致。

案例分享 >>>

新时代的工匠

进入中职学校后，初中时贪玩的张志坤迫使自己专心埋头苦学。同学们做一遍的作业，他做上两遍；舍友熬夜打牌闲聊，他熬夜打磨加工零件；他只允许自己每天睡 6 个小时，平日里不是在车间，便是到学校图书馆汲取知识；学习勤奋上进，训练努力刻苦，却从不张扬。2015 年 8 月 4 日，张志坤以 99.7 分刷新了世赛数控铣项目的最高得分纪录，并以此获得该项目的金牌。然而，张志坤的成绩却只在世赛官网公布 2 个小时便被撤下。张志坤后来才知道，自己的夺冠无意间打破了德国、日本、韩国多年来在世赛数控铣项目轮流坐庄的局面，3 国代表团推说测量仪可能出现技术故障，成绩需要重新评定。真金不怕火炼。无论是德英的还是日韩的标准，检测结果均显示，张志坤是当之无愧的金牌得主。荣誉因其"难产"更显珍贵，10 天后，世赛为张志坤举行赛史上首次网络颁奖。载誉归来后，经省政府特别批准，张志坤留校任教，被聘为高级技师，成为精英班教练。如今，他对人生有了新的追求："我要用自己所学，帮助更多学弟学妹铸就金牌人生。"

（资料来源：机床商务网：打破强国垄断神话的"数控王子"。）

3. 对工作一丝不苟

"大国工匠"中的几位高级技师，生产的都是飞机、火箭、高铁、轮船，是对质量要求相当高的工作，他们的工作要求是零误差，而我们平时工作中的"差不多""还凑合"，相比大国工匠的工作来说，那将是多么可怕的事情。为此，我们在今后的质量管理中，对生产的产品质量也要 100% 要求。这就需要我们一线职工在各自的岗位上一丝不苟，想办法、动脑子，把产品质量切切实实地提高。

案例分享 >>>>

大国工匠是如何炼成的

5 年，33 节巨型沉管安装，60 多万颗螺丝零失误……他和团队建造了世界首条"滴水不漏"的外海沉管隧道，为港珠澳大桥这个"超级工程"提供了坚实的保障。他就是五年坚守港珠澳大桥"超级工程"书写"大国工匠"传奇管延安。

管延安出生在农村，自初中毕业后，跟随亲戚来到青岛当学徒，干钳工。从那时起，他就发现自己对机械维护、设备安装等工作特别感兴趣。管延安要求自己"干一行，爱一行，钻一行"，工余勤学苦练，遇到不懂的就请教，或者翻书查找资料，慢慢练就了一身过硬技术。

2013 年，管延安受命前往珠海牛头岛，带领钳工团队参与建设港珠澳大桥岛隧工程。长达 5.6 km 的外海沉管隧道，由 33 节巨型沉管连接而成。在最深 40 m 的海底实现厘米级精确对接，在业内人士看来，其难度系数丝毫不亚于"神九"与"天宫一号"的对接。

管延安和他的团队主要负责沉管舾装和管内压载水系统等相关作业。虽然此前参与过国内最大集装箱中转港——前湾港、青岛北海船厂等大型工程建设，有着丰富的工程建设经验，但是面对港珠澳大桥所采用的大量高科技、新工艺，以及 120 年使用寿命的高质量要求，管延安还是从零开始虚心学习，不断积累经验。

管延安的一项工作是负责安装沉管阀门螺丝。如果在陆地作业，只要拧紧螺丝就够了。但要在深海中完成两节沉管的精准对接，确保隧道不渗水不漏水，沉管接缝处的间隙必须小于 1 mm。1 mm 的间隙，根本无法用肉眼判断。可管延安硬是通过一次次拆卸练习，凭着"手感"创下了零缝隙的奇迹。为了找到这种"感觉"，他拧螺丝时从不戴手套，为的是有"手感"。经过数以万计次的重复磨炼，管延安练就了一项骄人的高精准绝技：左右手拧螺丝均实现误差不超过 1 mm。

在一次次操作中，他甚至还练就了"听感"，通过敲击螺丝，从金属碰撞发出的声音，判断装配是否合乎标准。在他的听觉中，不一样的安装，会发出不一样的声音。管延安由此获得中国"深海钳工"第一人的美誉。

港珠澳大桥管理局副局长余烈曾这样评价管延安："凡他经手的每个螺钉紧固、设施测试都安全可靠，这种作风是'工匠精神'的具体体现，也正是这种精神，成就了港珠澳大桥这一世纪工程的高品质。"

（资料来源：经济日报.2020年5月9日。）

4. 注重细节，立志"精细制造"

随着中国经济的飞速发展，经济总量已有显著提高，但这种粗放式的发展，是以资源浪费和破坏环境为代价的。过去的中国的制造业量大而不精，如今，制造业的转型升级是必然趋势。我们企业过去是生产中小型产品为主的企业，我们的部分职工过去只是制造小型产品，现在升级为制造大型数控产品及生产线，这些都要求一线职工要提高自身素养，学习先进技术，不断完善自己、提高自己，只有不断提高自己的技术水平，以适应新时代发展的需要，才会大有作为。

课堂讨论

对中职生来说，应如何弘扬工匠精神？

课后实践

大国工匠观后感

观看"大国工匠"专题片，了解大国工匠的感人事迹，感悟高技能人才追求卓越的优良品质，并写一篇观后感。

第四单元　和谐交往　快乐生活

这世界曾有很多很多的冰川，人与人之间一度感到冷淡；当真情带着花信向你微笑，生活欣然被春风温暖。这世界仍有很多很多的门闩，人与人之间也许还有防线；当真情带着歌声向你倾诉，天地顷刻被阳光灿烂。别说我们之间有一片海，其实走近并不难，只要我们用信任织成帆，心与心便不再遥远。

学习目标

认知：理解父母、尊重长辈，感悟亲情对自我健康成长和职业生涯发展的重要作用。理解良好师生、师徒关系对个人学习、健康成长的重要作用。了解师生、师徒关系中存在的主要冲突及其表现。掌握同学、同伴交往的正确方式，理解和谐相处和团队合作对于学习、生活和职业发展的重要性。了解抵制校园欺凌、暴力和各种不良诱惑的重要性，掌握应对校园暴力、预防艾滋病、拒绝毒品等相关知识、方法和策略。

态度：珍惜亲情，学会感恩。增强集体意识和团队意识。

运用：能够正确处亲子、师生、师徒、朋友之间的关系。

引入案例 >>>

被父母唠叨的经历

中青校媒面向全国各地高校的 1622 名学生发起关于"学生假期和父母相处情况"的调查。调查结果显示，85.02％的学生都曾有过假期被父母唠叨的经历，47.23％的学生尝试和父母沟通，希望增进相互理解。

廖龙瑞是重庆人，就在重庆市上学。虽然学校到家只有两个小时的车程，父母也表达过希望他经常回家的愿望，但是廖龙瑞回家的频率只有每学期一到两次。他回家后，饭桌上摆满了廖龙瑞爱吃的酥肉、玉米胡萝卜排骨汤、可乐

鸡翅，他融化在家的温馨里。但在家里时间一长，他和父母相处的"画风突变"——"就知道躺着，什么都不干。你不在，家里还安静点。""早上6点多开始叫我起床，第一次是'善意'的提醒，第二次掀被子，第三次就站在旁边说个不停。"廖龙瑞有时候会忍不住顶嘴。

中职生王梓彤也有类似的体验。小到起床、洗漱的磨蹭，大到从早到晚"不务正业地咸鱼躺"，都会引来父母的责怪。当正在洗漱的王梓彤收到同学发来的短信，她就会停下洗漱的动作，和对方聊得停不下来。妈妈发现卫生间没有声音，就会提高声调问她："你干嘛呢？还没洗完？"有时候，即使她"表现良好"，妈妈也会根据以往的经验重复提醒她。"我从早上就开始提醒你，要早睡，要早睡！又到12点了。"王梓彤把这种形式总结为"预警式唠叨"。

相比一年级每天掰着手指头倒数回家的日子，中职生皓逸今年对回家并没有很期待。"以前回家，父母的'忍耐底线'基本在一周左右。上个假期开始，我回家只敢睡两天懒觉，在家的起床时间比考试周还要早。"回家后往往不到7点半，"人形闹钟"就喊着"快点起床，吃早饭了"把他叫醒。"刚回家时作息还没调整过来，如果没有及时起床，父亲就会在外面弄出很大动静，我只得在他的怒火烧起来之前收拾好。"

去年春节假期，中职生萧旭因为看网络直播，没有帮家人包饺子。吃完年夜饭，本应是一家人坐在一起看春晚的时间，她却被母亲叫到卧室挨批评。之后很长一段时间，萧旭和母亲的关系都有些僵。

（资料来源：中青校媒微博，有删改。）

思考：你有过被父母唠叨的经历吗？当你被父母唠叨时，你是如何解决的？

第一课　和谐的亲子关系

一、父母之爱，天地之爱

世界上最伟大的爱，莫过于父爱与母爱。我们从出生的那一刻起，父母已经开始了全身心的付出。从精神到物

扫码阅读

质、从年轻到年老，他们都会用一颗慈爱的心关爱着我们。父母在赋予我们生命的同时，也给我们带来了一生的爱。无论日月如何轮回，无论事态如何变迁，唯有父母的爱最真最纯。有了父母的呵护、有了父母的关爱，无论我们多大、无论身在何处都会感到温暖，都会感到自己是世界上最幸福的人。

父母之爱是世界上最无私的爱。父爱是天空，母爱是大地。父爱给我们以坚强，母爱给我们以爱心。父亲支撑着我们的世界，母爱抚育着我们的成长。鲜花可以枯萎，沧海可变桑田，但父母的爱，却永远留在我们的心间。

如果说，父母给予了我们善良、诚实、正直、勇敢的优良品德，给予了我们顽强、刻苦、勤奋、认真的生活态度，给予了我们不避艰险、不怕困难、不屈不挠、不断上进的奋斗精神等，可能有些同学会觉得有些言过其实；其实我真正想说的是，他们不过是普普通通的父母，他们不会絮絮叨叨地讲这些大道理，他们所能做到的，是陪伴着我们成长过程中的言传和身教、点点滴滴、日积月累。是的，他们给予的不仅是我们的生命，更是我们的成长。

拓展阅读

父母的付出

一生中，不管是现在，还是以后最爱你的人是你父母，你最爱你们的父母了吗？

✍在你说饿的时候！马上为你去弄好吃的人不是别人是你们的父母。

✍晚上睡觉时！每次帮你盖好被子的，不是别人是你们的父母。

✍在你闯祸的时候！帮你求情，跟别人道歉的人不是别人是你的父母。

✍在你不舒服生病的时候！抱着你去看医生，哄你吃药的人不是别人是你的父母。

✍当你离开家，去外地的时候！日夜思念，日夜牵挂你的不是别人是你的父母。

✍每当有什么好吃的，让你先吃，看着你吃饱的人不是比人是你的父母。

✍……

这么多年来，你父母看着你长大成人，而你有发现过，他们也渐渐的老了，憔悴了吗？

二、亲子冲突的表现及产生原因

亲子冲突指父母和孩子在目标、观念、需要、意见、期望上由于彼此的不一致而造成的双方在认知、行为、情绪上的矛盾或对立。亲子冲突在青春期（12～18岁）尤为明显。

（一）亲子冲突的主要表现

亲子冲突在生活中通常以言语或非言语的方式表现出来，具体如下。

1. 言语冲突

由于亲子双方生活背景和经历大不相同，因此，在面对一些事情看法不一致时就会发生争论。若在争论中双方情绪失控，言语也会逐渐变得粗暴且具有攻击性，从而引发冲突。在生活中，子女往往是言语冲突的主动发起者。

案例分享 >>>

斗嘴的母女

一次小长假，某职校要求学生回家在网上查询问卷模板，根据相关资料制作一份调查问卷，作为假期的作业。该校学生小林，假期某天吃完晚饭后说要去做作业，回房间打开了电脑，母亲质问她为什么一边做作业一边玩电脑，小林解释说作业需要找资料。母亲觉得可疑，就坐在她旁边看着她，小林感觉自己受到监视，就冲着母亲喊道，"你干嘛要一直看着我，我说了我查资料，天天管我，你就是不信任我！"母亲："我是你妈，我当然有权利管你，我就看着你做。"小林："看看看，烦死了！我不做了行了吧，作业也不交了！"

2. 身体冲突

中国自古以来就有"棍棒底下出孝子"的传统观念，直到现在，依旧有不少父母受其影响，在对子女进行教育的时候，不考虑子女的人格与尊严，对子女拳打脚踢。正处于青春期的子女，情绪多变且容易冲动，面对身体的伤害可能会对父母进行反击。

案例分享 〉〉〉

扭打的父子

小高喜欢画画，小时候父母看他感兴趣就让他去学习了几年。初中后，父母认为画画会浪费他学习的时间，小高请求多次，但父母仍然不同意他继续去学画画，为此他还消沉了一段时间。中考的时候，小高因为太紧张没有发挥好，成绩出来后，家里气氛一直很紧张。最后小高进入了离家比较近的一家职校读书，周末的时候可以回家。

上了职校后，他会在学习之余自己画一些画，有一次被父亲发现了，责备了他几句，因为父亲希望他能珍惜时间，努力学习，为之后考本科做准备。之后，小高就背着父母偷偷地画。

某天母亲帮他收拾房间，找出了他画的画，父亲知道后把他几年的心血全部撕毁了，小高为了抢回自己的画，就和父亲推搡了起来，父亲非常生气，扇了小高几个耳光，骂他不知进取。小高也用力将父亲推倒在地，和父亲扭打了起来。

3. 隐性冲突

亲子冲突中的隐性冲突就是通常所说的"冷暴力""软暴力"等。部分家长在孩子犯错后，态度会变得非常冷淡，用沉默给孩子施加压力。有些孩子情绪受挫，却没有足够的力量与父母进行对抗时，也会倾向于选择较为安全的回避、冷战、离家出走等方式来表达自己的不满。

案例分享 〉〉〉

互相赌气的母子

一天晚上，蔡女士让自己的儿子小杨去看书，小杨当时刚洗了手，就先

跑到电炉子旁边烤火，蔡女士看到了，就开始唠叨他不爱学习，小杨想解释一下自己的手是湿的，但她却觉得儿子顶嘴，恶狠狠地批评了小杨。当时小杨感到心理受挫，一句话也没和母亲说，独自一个人跑出了家，蔡女士在气头上也没有理他。之后，小杨在一家网吧住了三天，最终被父母和民警找回。

（二）产生亲子冲突的原因

现代亲子之间产生矛盾与冲突，出现关系不和谐的情况，主要还是受父母对孩子的态度和子女本身心理发展因素的影响。

1. 父母对子女的态度

（1）忽视

由于现在人们的生活、工作节奏越来越快，大家生存、竞争的压力越来越大，很多家长只能将更多的时间和精力投入到工作中。由于父母没有过多的精力去关注孩子，因而导致父母与孩子之间缺少沟通。

当孩子希望与父母分享自己的喜怒哀乐时，却没有得到父母的积极回应，之后他们就可能会采取和父母争吵的方式，来寻求父母的注意。

（2）专制

在许多父母眼里，孩子永远是孩子，他们要求子女对自己绝对服从，却并没有意识到青春期的孩子正处于从幼稚到成熟，从依附到独立的过渡阶段。父母依然习惯于按照儿童期亲子关系的模式对待青春期的孩子，对孩子的保护过多，给予独立的空间太小；对孩子的尊重、信任不够；对青少年渴望独立的心理需求察觉不足。

此外，许多父母习惯于用自己的价值标准去要求子女，以命令态度对待子女，有的甚至会出现以强制手段压制子女意愿的行为，但孩子却无法理解和接受。

（3）娇纵

在当今社会中，父母溺爱孩子的现象也十分普遍。儿童时期，父母总认为孩子还小，对孩子充满关爱和温情，但很少有要求和限制，他们允许孩子想做什么就做什么。但是，在娇纵中长大的孩子很难学会自我控制，慢慢地，他们会变得霸道又固执，当与父母相处时，永远以自我中心，父母此时再想管教孩子，就会引起孩子的反抗。

2. 子女的心理发展因素

进入青春期后，青少年逆反心理增强，并表现出前所未有的独立性和封闭性。因此，当他们和父母协商解决问题时变得更加独断，他们会努力改变自己的地位，挑战家长的权威性，不再表现出对家长一味地盲从。与此同时，他们对家长也有了新的期望标准，但父母却很难迅速调整自己的心态，以适应孩子心理的巨大变化。

另外，一些青少年学会了喝酒、抽烟，希望以此来证明自己的成长，而这种不良心理和行为也会使亲子间的矛盾恶化。

案例分享 >>>

17 岁男孩跳下高架桥身亡

4 月 17 日，在上海卢浦大桥发生了让人痛心疾首的一幕，一男孩突然跑下车后翻越栏杆跳下高架桥。

当天晚上，在道路监控中，一位女司机在上海的卢浦大桥东向西主桥段上停车。女子先是下车走到左后座的窗外，仿佛想与车内人员对话，但是车内的人员并未打开车门。然后她返回驾驶座位，关闭车门，但是并未启动离开。

而车子在原地停留一段时间之后，突然发生了惊人的一幕：左后侧车门突然打开，冲下来一名男孩，往桥边冲去。而女子发现这男孩不寻常的举动后，紧随其后，想要抓住冲动的男孩，但是男孩的动作太快，直接跨上桥边的护栏，一头栽了下去，紧跟着的女子因没能抓住他捶地痛哭。

而后根据记者的调查，男孩今年 17 岁，是某职校二年级学生，女子是他的妈妈。男孩妈妈称，当时正驾车载着男孩，他因在校与同学发生矛盾遭其批评后跳桥。120 到场后确认，男孩已无生命体征。

事件被报道之后，引起了广泛讨论，网友们纷纷发表自己的看法。有人说肯定是母亲不注重孩子的自尊；有人说孩子的心理承受能力太差，经受不了一点小挫折，自己绝对不会这么轻易放弃生命；也有人说，自己完全不知道该怎么和自己的孩子相处，感觉自己很失败。

但不管怎么讨论，消逝的生命也没有办法回来了。关于 17 岁男孩死亡的真相，还没有最终的定论。但这也显露出当代家庭教育的问题，怎样去引导孩子才是关键，而不是靠强硬的态度去改变孩子。

（资料来源：综合自新华网客户端新闻，时间视频微博．2019 年 4 月 18 日。）

三、建立和谐亲子关系的方法

亲子关系是家庭中最基本、最重要的一种关系。和谐的亲子关系对孩子的认知、情感和健全人格的形成都具有极其重要的影响。作为中职生，为建立和谐的亲子关系，我们应该从以下方面做出努力。

课堂讨论

你心目中和谐的亲子关系是什么样的？

（一）自觉地尊敬父母

我们应深刻体会父母养育的艰辛，感谢父母的辛勤付出。父母他们正在经历的，可能正是我们将要经历的，所以我们应客观地看待自己与父母在知识和能力上的差别，从内心尊重父母，重视父母真实而宝贵的人生经验，虚心地听取他们的教诲。

（二）多与父母谈心，缩短感情距离

作为不同的两代人，我们与父母在思想观念、行为方式等方面存在差异，很多孩子把这种差异看作是和父母交流的障碍，遇到事情更愿意寻求朋友的帮助，使得亲子间感情越来越淡漠。

我们应主动与父母沟通谈心，让父母了解我们的生活，了解我们的心事，理解我们的愿望。例如，在饭前或饭后，主动和父母谈谈自己的学校、老师和朋友，高兴或不高兴的事，让他们一起分享你的喜怒哀乐。

（三）谨记三思而后行

中职生心理极不安定，情绪起伏大，做事情容易冲动。在与父母的沟通中应该要学会冷静，三思而后行，并善于反思反省。例如，当和父母交流时，要有耐心不要随便发脾气、顶嘴，避免说出伤害父母的话，做出伤害父母的事。

（四）温和地处理分歧和矛盾

当与父母意见产生分歧时，不应一味地抱怨父母不理解自己，不了解当

代青少年的心理特点和需求。我们应该用温和、委婉的方式表明自己的看法，然后客观地分析、评价自己与父母双方的观点，心平气和地承认自己的不足与错误，欣然接受父母的合理化建议。要学会"换位思考"，尽力站在父母的角度理解父母，并通过协商、冷静处理等方法技巧性地解决分歧和冲突。

四、以实际行动感恩父母

（一）好好学习，好好工作

作为学生，平时要好好学习，父母工作不容易，做儿女的不能拿着父母的血汗钱乱挥霍，好好学习也是对父母最大的回报。对于一个社会中的人要好好工作，努力成就一番事业，让父母在余下的生命中享清福。

（二）平时多陪陪父母

人越到老越感觉时间的宝贵，尤其对那种常年不回家的孩子来说，父母更希望孩子多在身边陪陪自己，所以平时尽量多陪陪父母，跟家人多谈谈心。

（三）打电话常交流

平时没事多跟家里打电话，不建议发短信，电话交流更具有温和感，多问候父母的身体情况，让父母注意天气变化，注意身体等。

（四）给父母买礼物

不需要太贵，但是心意到了，父母也会很高兴。

（五）做一桌大餐

亲手做一桌丰盛的大餐，让父母体验自己的手艺，吃饭的时候可以陪父母适当的喝点酒。

（六）耐心听父母的心声

有时父母会说一些自己的心声，或者发发牢骚，有些子女可能不耐烦，但是作为子女应当耐心地听，慢慢地了解父母的内心世界，"哪个父母不都是为自己的孩子好？"所以应当体谅自己的父母。

课后实践

亲 情 账 单

训练步骤

（1）算一算自己进入学校后，平均每天学习多少小时，并对自己学习等方面的收获做出自我评价。

（2）将自己的学费、书杂费、生活费、交通费、零花钱等支出做出大概的估计，算估算出家长为自己的投资。

（3）假定自己毕业后的收入，计算自己大致需要多少年才能回报父母。

项目	已经支付 （从父母决定要你到现在）	预计支付 （从现在开始一直到完成学业）	小计
学习费用			
生活费用			
交通费用			
医疗费用			
零花钱			
其他费用 （父母抚育我的劳务费）			
合 计			

假定我于_____年参加工作，每月收入（3000元以下，3000元，5000元，8000元 10 000元，10 000元以上），选择括号内一项打"√"，留出自己个人生活费用、成家费用以及安置房屋费用后，每月可孝敬父母_____元，至少需要_____年才有可能仅仅回报父母经济上的支出。

第二课　良好的师生关系

一、师爱之情，温暖一生

春蚕到死丝方尽，蜡炬成灰泪始干。也许这就是给全天下传道、授业、解惑的老师们最好的诠释。到今天为止，

扫码阅读

每位同学都已走过了近十年的求学之路，在这条路上，我们遇到了许许多多的老师，他们就像天上的繁星，甚至我们都说不出确切的数字。然而你不能否认的是，在这一路上，你的成功离不开老师的教导。我们每个人的成长都离不开老师的教诲，人们称自己就读过的学校为"母校"，称自己的老师为"恩师"，原因就在此吧。老师教给我们的不仅仅是知识，更是获取知识的能力，他们的一言一行，他们对待生活对待人生的态度，也深深地影响着我们，不管是以前、现在、抑或是未来。

拓展阅读

我们的成长离不开老师

（1）老师带我们在知识的海洋中遨游；

（2）老师教导我们如何做人，如何做事；

（3）老师为我们扫除心理障碍；

（4）老师是我们的朋友，尊重、理解和爱护我们；

（5）老师是我们的榜样，言传身教，让我们受益终生；

（6）老师的工作辛苦繁重，为我们付出心血和汗水。

二、良好师生关系的重要性

古人云"亲其师，才能信其道"，信其道，才能受其教。只有亲近老师，与老师建立融洽的关系，才能相信老师说的话，信任他，愿意接受他的教诲。足见良好的师生关系有助于我们的成长。

（一）有助于学得好，学得多

当你喜欢一个老师的时候，你会亲近他，喜欢他的课，希望老师也喜欢你，你就不想让老师失望，会更加努力的学习。可是当你讨厌一个老师，相应地你会讨厌他的课，他对你的要求也会激起你的逆反心，当你把精力都用于否定老师并和他作对时，恐怕你很难从他身上学到什么。

（二）有助于赢得老师的关注和期待

美国心理学家罗森塔尔在一所小学做了一个实验。他们从一至六年级中各选 3 个班，对这些学生进行了所谓的未来成就测验。然后，他们发给了老师一个名单，高度评价了这些学生的发展潜力。一段时间过后，研究者发现，被列入名单的学生成绩进步显著，而且性格格外开朗，求知欲增强，敢于发表意见，与老师的关系也特别融洽。其实，名单上的学生是被随便抽取出来的。心理学家的权威角色让老师们相信这些学生有很大的发展潜力。在日常教学中，老师会不知不觉地关注他们，而学生会将老师的这种关注解释为自己认真听讲，努力学习，或者很聪明，等等，于是他们在不知不觉中变得更加认真、勤奋。自信，这种积极的反馈会让老师确信这些学生的确值得培养。老师和学生之间就这样形成了双向积极互动，学生的成绩出现了飞跃。

你现在是否明白了为什么要努力经营与老师的良好关系了吧？这样做不仅能激发你对学习的兴趣，更重要的是你在老师的交往中习得的道理、良好的习惯将会使你受益终生，除此之外，你将会收获一段令你一生难忘的师生情谊。

三、师生冲突的表现及产生原因

师生冲突指老师与学生由于价值观、角色、占有资源和知识的多寡等方面的差异而产生的不一致、对立和相互干扰的互动。老师的职责是教书育人，学生的任务是读书成人，同处校园的老师和学生之间，矛盾冲突事件常有发生。现如今，师生间的矛盾有愈演愈烈的趋势，这引起了社会各界的广泛关注。

（一）师生冲突的主要表现

1. 言语冲突

师生之间的言语冲突，是指师生在认识、情感、思想等方面有严重分歧的情况下，双方之间发生的言语上的对抗。例如，老师实行打压式教育，而学生希望得到鼓励式教育，面对老师的挖苦、讽刺、责备，学生也采取"出格"的言语回应。

2. 肢体冲突

肢体冲突一般发生在学生不服从教师管理教育时，教师通过命令学生站立上课、离开教室或没收学生物品等措施，对学生实行惩罚。学生因感到自尊心受伤害而进行反抗，使得老师感到权威被挑战，师生行为失控。

案例分享 >>>

师生从教室打到办公室

尤老师是某职校一班级的班主任，为加强班级管理，督促学生认真学习，他在班级中约定用"打手板"方式（最多5个）惩戒专业考试不及格的学生。

一个星期五，他组织了一次专业课测试。在星期六晚自习期间，他把小王叫上了讲台，因为他的考试成绩较差，按约定需打5个手板。在打了4个手板后，小王就想转身离开，尤老师以"还差一个"为由制止他离开，但小王头也不回地往座位上走，尤老师有些生气地批评了他，小王突然情绪失控，引发双方语言冲突并发生了拉扯，班上其他学生赶忙上前将二人拉开。

考虑在教室影响其他学生学习，尤老师就把小王带到办公室批评教育，在此期间，双方再次情绪失控，引发语言冲突，并发生激烈拉扯。事后，尤老师和小王都各自认识到了自己的错误。最终，小王向尤老师道了歉，尤老师也向小王及家长致歉，双方达成了谅解，小王也回到了原班级正常学习。

（二）产生师生冲突的原因

师生关系是教育活动中最基本、最重要，同时也是最活跃的人际关系，而有人际交往的地方就有冲突现象。师生之间的矛盾冲突，并非仅仅属于教师和学生任何一方，它应由师生双方共同负责。

1. 老师方面

（1）过分看重教师的权威

教师的权威神圣不可侵犯，这一固有观念使老师们认为自己处于比学生优越的地位，学生必须无条件尊重自己，不得有半点对老师的挑衅性语言或动作。学生如果稍有不从，就会认为是和自己过不去而做出激烈的反应，轻则语言指责，重则直接对学生实施暴力。

案例分享 >>>

贴纸条导致师生肢体冲突

梁老师是安徽省某中职院校一名老师，一天晚上上晚自习时，梁老师在班级里值班辅导学生，学生小马把"我是乌龟，我怕谁"旁边还画有一只乌龟图案的纸条贴在了梁老师身上。

梁老师感觉受到了学生小马的侮辱，让他写检讨书，小马不愿意写事情经过，还把写有"我是乌龟，我怕谁"的字条撕掉了，梁老师没有控制住自己的情绪，动手打了小马一巴掌，小马立即用桌子上的书砸向梁老师，梁老师又打了小马一巴掌。

小马被打后情绪很激动，为控制住小马，梁老师先后两次按住小马肩膀并把小马按倒在桌子上，其间，手滑到了小马的脖子处导致小马的脖子被卡并出现伤痕。小马的家长找到学校理论，学校一开始给予了梁老师开除处分，但消息一出，很多之前喜欢梁老师的学生及学生家长都为他求情，最终学校给予了梁老师降级处分，给予了小马记过处分。

（2）过分看重学生成绩

老师在教学活动中，认为学习才是学生的唯一要务，过多注重学习成绩的评价，而忽视了学生综合素质的评价。老师无形中给学习成绩排名靠后的学生贴上了"差生"的标签，使得学生挫败感强烈。

（3）老师能力素质不高

老师缺乏对学生的了解，不能客观地评价学生；缺乏组织教学的能力，不能很好地管理学生；面对突发事件，不能冷静有效地处理，这些都会引起学生的不满，师生之间易产生嫌隙与矛盾。

智慧之光

教师如果对学生没有热情，决不能成为好教师。但是教师对于学生的爱是一种带有严格要求的爱。

——凯洛夫

2. 学生方面

（1）学生不尊重老师

有些学生认为老师在处理问题上不公平、不公正，长期有偏袒之心，渐渐地也不再尊重老师，甚至抵触老师。学生知识和道德水平参差不齐，也有些学生自小养成一些不良习惯，故意不尊重老师，行为张扬，从而引起师生冲突。

（2）学生情绪理解力和控制力不强

大多中职生各方面的发展还不成熟，不能很好地控制自己的情绪，遇到事情容易慌张，爱冲动，凡事不去想后果。例如，学生犯了一个小错误，老师批评几句，学生虚心听也就过去了。但是有些学生认为自己受到不公平对待，因而和老师发生争执。

（3）学生想要寻求注意、彰显自我

青春期的学生，大都有一种"获得注意"的潜意识。在课堂上，有部分学生认为自己无法通过学习获得认可、彰显自我，他们就试图通过课堂的违纪行为来获得注意。而很多老师并未认识到这些学生的心理需求，采取了强硬的方式进行制止，这使得师生关系更加紧张。

（4）学生的家庭因素

部分学生家庭条件优越，家庭的溺爱使其非常自我，无法接受老师的管教；部分学生家庭关系长期不和，家庭教育缺失，造成了孩子在思想和行为上的缺陷与偏差，这种偏差延伸到课堂中，极易引发师生冲突。

课堂讨论

你心目中良好的师生关系是什么样的？

四、建立良好师生关系的方法

师生关系贯穿整个教学过程，良好的师生关系是搞好教育教学的基础。只有建立良好的师生关系，老师才能很好地开展教育教学工作，学生才能受到良好的教育、健康成长。作为中职生，为建立良好的师生关系，我们应该从以下几方面做出努力。

1. 学会尊重老师

尊重师长是中华民族的传统美德，也是每个学生应有的基本道德品质。首先应表现在日常生活中，见到老师要主动问好，与老师说话要有礼貌。尊重老师，更重要的是上课认真听讲、遵守纪律、对学习任务不敷衍。有时候，诚恳、谦虚地对待批评也是尊重老师的表现。

拓展阅读

师道的力量

蒋天枢（1903—1988 年）字秉南，江苏丰县人，文史学家，复旦大学教授，曾师从陈寅恪学习文史。

陈寅恪晚年，在病榻上将自己全部著作的整理出版工作全权授予了蒋天枢，这被后辈学人视为他一生学问事业的"性命之托"。在陈寅恪托付毕生著作的那几日见面中，一天，蒋天枢如约上门，恰好陈夫人不在，没有人招呼他，陈寅恪已目盲，忘记了让座，径直开始谈话，结果蒋天枢就一直毕恭毕敬地站在老师床边听着，几个钟头始终没有坐下。那时，他已年过花甲。

晚年，蒋天枢放弃了自己学术成果的整理，全力校订编辑陈寅恪遗稿，终于在 1981 年出版了 300 余万言的《陈寅恪文集》。当时出版社给他 3000 元整理费，他一分钱也没收，全部退还。因为他说"学生给老师整理遗稿，怎么可以拿钱呢"。到了 20 世纪 90 年代，陈寅恪突然"走红"，很多人出来自称是陈先生的弟子，蒋天枢却从来没有说过一句话，从来没有借陈寅恪来扬名。

蒋天枢这样对待老师的方式，看起来有点迂腐，但其背后传递出的是对老师的尊重、敬重和深爱。

（资料来源：人民政协报．崔鹤同文．2016 年 10 月 9 日。）

2. 学会理解老师

"春蚕到死丝方尽，蜡炬成灰泪始干"是对教师职业的最好写照。据调查，我国中小学教师人均日劳动时间为 9.67 个小时，比其他岗位的一般职工平均劳动时间高出 1.67 个小时；还有研究表明教师是产生职业枯竭的高危人群。尽管个别教师有时对学生的教育方法有失偏颇，但是用心是善意的。所以学生要理解老师，进而谅解老师有时不恰当的批评和要求。人非圣贤，孰能无过？跟老师粗暴对抗或者消极抵抗，甚至走向自暴自弃，实在不值得，做出最好的你来，这才是一个有成熟思想的人的正确做法。

3. 学会和老师交流

我们的师生关系中缺乏理解交流或者理解偏差可能会造成什么后果。所以师生交往是一个双向的互动过程。我们要有意识地增加双方的信息交流和感情沟通，不断反馈、调节沟通方式，才能达到沟通的最佳效果，营造和谐的师生关系。

拓展阅读

向老师提意见的技巧

（1）**把握时机**

一般来说，老师在全神贯注地讲课或者讲话时不要打断，那样会影响老师的思路，干扰教学进度，甚至影响其他同学的学习。可以等老师把一个问题讲完，或者讲课结束之后，再找机会与老师交流。

（2）**语气平和**

我们在向老师提意见时，应用商量语气口吻，用交换意见的语气进行。不能不尊重老师，甚至让老师在学生面前丢面子。

（3）**坦诚相待**

在提意见时，应该客观地表示自己的态度，说话要有分寸，力求阐明自己的观点，不把自己的观点强加于人。

（4）**方式恰当**

可以把自己的意见和想法写成信或者字条寄给老师，也可以通过日记、周记等方式表达自己的担心和主张。

课后实践

自 我 检 查

以下是 10 个测试题，请你根据自己的实际情况如实回答，检查一下自己做得怎样。

（1）平时进入老师办公室时我通常：

A. 先喊"报告"，老师说"请进"时，再进去。

B. 直接推门进去。

（2）遇见老师，通常我主动问好的老师是：

A. 只跟现在的任课老师主动问好，特别是班主任和主课老师

B. 只要教过自己的，甚至是只要知道该老师是本校的老师。

（3）当我们几个同学在一起聊天或玩时，老师走过来时，我通常是：

A. 暂时停止谈话或游戏，向老师问好，老师走过去后再继续

B. 只要老现没有表示要我们停止，我们就继续，但我会向老师示意

（4）如果你在课外和老师聊天时：

A. 可以像知心朋友一样无所不谈，如老师的工资，家庭或个人的一些私事等。

B. 毕竟不能像同学之间一样，只能与老师谈论学习、人生、事业等严肃的话题。

（5）在课堂上讨论问题时，如果自己的观点与老师的观点发生冲突时，我通常会：

A. 和老师据理力争，坚持到底，在争论中提高认识，达到统一。

B. 记住老师的观点，认真和气地提出自己的观点，课后找个合适的时间找老师讨论清楚。

（6）你平时向老师提问时：

A. 对于关键问题，经过自己反复思考，并与同学讨论后仍无法明白，就请教老师。

B. 为了节省老师的时间，我总是积累几个问题再问，或者只要老师给我说结果就行了。

（7）同学或班干部向老师反映情况，应该：

A. 真实、及时，有利于老师了解情况，减少失误，有利于调整教育、教学方法。

B. 及时反应最为不利的情况，努力使自己反映的情况影响老师的一些看法或做法。

（8）同学或班干部在传达老师的要求时，应该：

A. 及时、准确、完整地传达老师的要求，然后可以谈一下自己的想发。

B. 经过充分理解后，再按自己理解的情况传达，或者在自己认为必要时传达。

（9）通常你称呼给自己上课的老师为：

A. "赵老师""孙老师""张老师"等。

B. "英语老师""语文老师""化学老师"等

（10）你认为你获得良好学习成绩的主要原因是：

A. 良好的班风、学风和校风；个人的努力和天资；老师的精心教育和

培养。

B. 在相同条件下，我学习好，主要是个人的天资和努力，与老师、学校、班级几乎无关。

结合选项，检查一下自己与老师交往过程中出现的日常行为有没有不适当的地方？

第三课　友好的同伴关系

一、和谐相处的重要性

（一）促进身心健康

中职生在友爱的同学关系中，同学们可以分享自己的快乐和烦恼，每个人都能感受到自己对他人的价值和他人对自己的意义，这能够满足中职生的精神需求，促进其自我肯定和保持愉快的心境。

扫码阅读

（二）促进良好学习环境的形成

中职生的从众心理比较强，易受同龄群体影响。同学同在一个班集体里，如果彼此之间友好相处，互相学习彼此的长处，大家就可以养成良好的行为习惯，创建优良的班风，并形成良好的学习氛围。

（三）促进自我认知和自我完善

中职生在成长过程中，由于认知不足，可能会过高或过低地评价自己。而在和同学的交往中，可以通过他人的评价和态度，去更好地认识自我。在和谐的关系中，同学们相容、相近、相亲相爱，彼此可以交流自己的经验，一起解决遇到的问题，从而帮助自我完善。

二、同学交往的障碍及产生原因

在和同学的具体交往过程中，中职生常常会因为某些不良心理而使交往

态度和交往行为产生偏差，从而影响自己与同学之间的关系。在中职生同学交往中，导致交往障碍的不良心理主要有以下几种。

（一）自卑

自卑是指个体感受到自我价值被贬低的体验。这种贬低或否定可能来自当事人自己，也可能来自外界评价，但更多时候是两者兼而有之。有的中职生因为自卑而对自己持否定态度，与他人交往起来比较吃力，害怕说错话，担心丢面子，长此以往，严重者容易产生社交恐惧，使得人际关系出现障碍。

案例分享 >>>

自卑心理影响交往

林亮是一名来自边远农村的中职生。进校后，他的生活十分简朴，常常独来独往，很少和同学说话。他认为自己太笨，口才又差，家庭经济条件也不好，没有任何地方能够与同学相比。他不愿与同学交往，害怕同学瞧不起自己，内心感到十分孤独和矛盾。

（二）以自我为中心

以自我为中心的交往取向是指在交往中只注重个人的兴趣，为满足个人的需求，而不顾及别人感受的一种交往方式。这种交往方式带有一种自私性，人际交往中的交往双方都是积极主体，交往是双方相互作用的过程，因而，在人际交往中容易产生障碍。

案例分享 >>>

以自我为中心影响交往

周玲，某职校新生，家庭条件极为优越。她是寝室中年龄最小的，起初室友们都比较照顾她，可是她却不以为然，反而变本加厉。寝室的集体劳动她从不参加，总是以自己没干过活、不会干为由躲出去；同学请她帮忙，她也以各种理由推脱；专业课写论文，同学们借来的书总被她霸占着；寝室活动必须要按照她的意愿安排，否则她就不参加……渐渐地，大家都疏远她，她觉得自己被孤立，住在寝室里事事都不顺心。

（三）羞怯心理

羞怯心理是因为害怕或胆怯而产生的一种心理不适。带着这种心理去交往就会产生莫名的紧张和不安的感觉，在交往过程中会感到无所适从，从而使得自己在交往过程中处于尴尬的境地，正常的人际交往难以持续。

案例分享 >>>

羞怯心理影响交往

赵某，女，某职校二年级学生。上职校以来，因为害羞，她很少与人交流。她一说话就会脸红、心跳加速、冒汗甚至全身发抖，说话时眼神躲闪不定，不敢直视对方，好像做了亏心事一样。她不愿与班上同学接触，总是害怕别人因自己的行为和表现而讨厌自己，尤其害怕与男生接触。不仅如此，她还很怕老师，上课时，只有老师背对同学板书时她才不紧张，只要老师面向同学，她就不敢朝黑板方向看。这种状态持续时间久了，她在家人和朋友面前说话也开始变得不太自然。

她说自己曾试图克服这个毛病，也看了不少心理学的书籍，按照社交技巧去指导自己，用理智说服自己，用意志控制自己，但是作用不大。这种情况已经严重影响了她的学习和生活。

（四）嫉妒心理

嫉妒心理是指因失败或某一方面不如别人所产生的羞愧、愤怒和怨恨等感觉，它是自我形成的一种情绪上的体验。中职生在人际交往过程中，嫉妒心理一旦产生，就很难再以一颗平常心去处理与周围同学的关系，它往往带有浓厚的负面感情色彩，把这种感情色彩带到同学交往中去就会产生一种不和谐的感受，从而使人际交往产生障碍。

案例分享 >>>

嫉妒心理影响交往

某职校二年级学生李某，相貌平平，家境一般，没有太多的兴趣爱好。一年级时，她的学习成绩是寝室6位同学中最好的，她常常以此为傲。可二年级时，寝室有一位同学的外语成绩超过了她，她心里觉得很难受，怎么看

这位同学都不顺眼，便趁这位同学不在时，将其用来学习的平板电脑损坏。事后，她也很内疚、很矛盾，可自己无论如何也不能容忍其他同学比自己的成绩好，自己就只有这一方面在寝室里占绝对优势。后来又有两位同学的总分超过她，她觉得无地自容，感到痛苦不堪，甚至感觉自己的天塌了，因此终日惶惶不安，坐卧不宁。有一天深夜，她趁同学们睡着时，用剪刀将那两位同学摘下的隐形眼镜各捅破了一只，以求得暂时的心理平衡。

（五）猜疑心理

猜疑心理是指对别人的言语和行为给予种种不好的猜想和疑虑，以证明自己主观臆断的正确性。在和同学的交往中，一旦掉进猜疑的怪圈，必定处处神经过敏，事事捕风捉影，对他人失去信任，对自己也产生怀疑，从而损害正常的同学关系，产生人际交往障碍。

案例分享 >>>

猜疑心理影响交往

张丹来自一个普通的家庭，有一个哥哥和一个姐姐，她是家里最小的孩子，性格比较内向、敏感，对自己缺乏信心。进入职校后，和一些陌生人生活在一起，让她觉得很不舒服，她把自己的物品都摆放得井井有条，生怕别人动她的东西。渐渐地，她发觉周围的同学都很不友好。

听到有人窃窃私语，她就会认为那是在议论自己，说自己的坏话；看到别人不经意的一个眼神，她就会认为那是在嘲讽自己；同学们偶尔开句玩笑，她也认为那是有意针对自己。一次她从图书馆借的书不见了，她就认定是寝室里的人拿走了，目的是让她赔钱，她为此与同学发生争吵。从此以

后，身边的同学都不再理睬她。她感到心中的委屈和愤怒无处发泄，觉得没有一个人可以信任。

三、建立友好同伴关系的方法

求学期是个人成长的过渡阶段，在此期间，与同学建立友好关系尤其重要。

课堂讨论

描述一下你心目中友爱的同学关系具体是什么样的？

（一）学会理解尊重

每个人生长在不同的环境中，形成了不同的气质和性格特点，也有着不同的生活习惯。同学之间能否友好相处，很大程度上取决于彼此间的相容程度。如果同学间能够互相理解尊重，就能减少不必要的摩擦，大家的关系就容易保持融洽。

智慧之光

每一个正直的人都应该维护自己的尊严。

——卢梭

（二）学会倾听

在人际交往中，倾听是对他人的一种尊重，有时听比说更重要。要想正确理解别人的想法，必须先听懂对方。要听懂则必须专注地听，专注的倾听能使倾诉者感到自己的重要，从而能鼓励对方表达自己的想法。

（三）注意换位思考

换位思考对建立友爱的同学关系有着十分重要的作用。一般而言，善于交际的人往往都懂得换位思考，他们善于发现他人的价值，懂得尊重他人，愿意信任他人；对人宽容，能容忍他人有不同的观点和行为；不斤斤计较他人的过失，尽可能地帮助他人而不是指责他人。中职生在为人处世上要懂得

"己所不欲，勿施于人"，懂得不强求别人，懂得寻求与别人的共同点，多站在对方的角度思考问题。

（四）学会主动帮助和感激

要热情地对待同学，把同学当作自己的兄弟姐妹；要热情地为大家做事，无论大事小事，只要是集体的事、同学的事，都积极主动地去帮忙。此外，同学之间既要热心帮助别人，也应该乐于接受别人的帮助，彼此真诚相待。

要学会感激。感激是人情的回报，它有多种表现形式，可以是物质的、精神的、行动的。感激会让对方感到你没有忘记他对你的关照，觉得他在你心目中有一定的位置，从而更加愿意与你交往，进而形成良性互动。

（五）学会赞美

赞美是人的心理需求。心理学家认为，赞美能释放一个人身上的能量，调动人的积极性。人人都喜欢别人的赞美。要赞美别人，首先要选准角度，选择别人身上的闪光点，不落俗套；其次要内容明确，不要泛泛而谈，给人以应付的感觉，而要将赞美的内容具体到某一方面；最后要语言真诚，言不由衷只会让人生厌。

课后实践

社交恐惧心理形成原因讨论会

中职生渴望友谊，希望能广交朋友，但有些中职生在具体交往时，如找人交谈、别人与自己交谈，就会出现了恐惧反应。这种恐惧往往会泛化，严重者拒绝与任何人发生社交关系，把自己孤立起来，对日常工作和学习造成妨碍。

要求在课前收集资料，课上分组讨论社交恐惧心理形成原因，最后由老师总结并提出解决办法。

第四课 筑起心灵的防火墙

一、抵制校园暴力

（一）校园暴力的表现形式

校园暴力是指在校园内外学生间一方（个体或群体）单次或多次蓄意或恶意通过肢体、语言及网络等手段实施欺负、侮辱，造成另一方（个体或群体）身体伤害、财产损失或精神损害等的事件。中职生校园暴力的起因往往十分简单，常常是因为同学之间的一些小纠纷、小矛盾或双方言语上的冲突，最终演变成暴力事件，造成严重的后果

扫码阅读

校园暴力的形式主要有四种：①语言暴力，指当众嘲笑、辱骂其他学生以及替其他学生取侮辱性绰号等；②身体暴力，指借助身体的优势欺压比较弱小的同学；③社交暴力，指孤立、抵制某个人，令其身边没有朋友；④网络暴力，指在网络发表对同学不利的网络言论、曝光同学隐私以及对同学的照片进行恶搞等。

（二）校园暴力的原因

1. 社会因素

随着西方文化的冲击，原有的道德价值观不断被解构，暴力文化肆虐横行，其展现的是对生命的极端漠视。正值青春发育期的许多中职生，为了求得社会的认同，吸收暴力文化的不良暗示，盲目模仿不良书刊、影视作品、游戏中所渲染的暴力手段，其行为不知不觉地表现出挑衅性，在校园中也经常以暴力解决问题。

2. 学校因素

虽然我国已逐步开始强调素质教育，但无情的淘汰式教育观念却没那么快转变，许多老师还惯于用成绩和分数来评价学生，学生面临巨大的压力，成绩较差者由于得不到老师的肯定，以致情绪紧张，很容易产生自卑感、挫折感。从心理学的挫折理论来看，当人类受到挫折时，易产生攻击行为，而暴力行为正是攻击行为的主要方式。

另外，部分学校只看重学生的德育，缺乏有效的法制教育，使得一些学生意识不到校园暴力的严重性，也不知道自己可能会承担的法律后果。

3. 家庭因素

在结构上有缺陷的家庭中，父母与子女间亲密度较低，子女感受不到家庭的温暖，易情绪不稳，缺少同情心，具有反社会倾向。而在关系紧张的家庭中，父母的感情危机、家庭暴力等常常表露出来，子女的人格和行为易发生扭曲。

另外，许多父母自己心智并不成熟，情绪化的父母无法使用正确的家庭教养方式，教育孩子简单粗暴，而孩子非常善于观察和模范自己父母的行为，子女对父母的暴力行为耳濡目染，不知不觉中沾染了"暴习"，遇事即想用暴力解决。

4. 自身因素

许多学生认识水平和能力低下，缺乏独立评价能力，容易受到外界不良社会环境的感染，接受不良因素的暗示。处于生长发育阶段的中职生体力充沛，精力旺盛，但心理发育不够成熟，叛逆心强，喜好追求刺激，性格急躁，好感情用事，容易争强好胜。

在校学生在受到环境刺激时，情绪易于激动。一遇矛盾冲突，在行为上通常会表现出明显的偏执性，妄图用与众不同的方式显示自己的存在，即采用暴力手段任性而为，完全不顾后果的严重性。

（三）校园暴力的危害及对策

1. 校园暴力的危害

（1）严重影响学生的正常学习生活

经常遭受校园暴力的学生整日生活在暴力的阴影中，学习成绩会严重下降。有的学生由于受到严重的暴力伤害，以至于不得不住院治疗或者休学，导致正常的学习被迫中断。甚至有的学生会对学校产生恐惧感，不愿意再上学。

智慧之光

勿以善小而不为，勿以恶小而为之。

——孔子

（2）严重影响学生身心健康

校园暴力不但会导致受害者身体的伤害甚至残疾，而且还会导致当事人出现恐惧、不安、焦虑、抑郁、失眠等不良症状，从而使学业荒废，自我认知下降，甚至在自卑绝望或情绪失控的条件下出现自我伤害，比如自伤，自杀等。此外，校园暴力的受害者心灵受到创伤，长大后可能会有更为强烈的报复心理和施暴倾向。

施暴者通过欺凌的形式，以给自身提供优越感，然而这种优越感是错误的、扭曲的。施暴者在步入社会后，一旦这种优越感消失，便会不安与自我否定，其可能成为社会的不安定分子。

（3）破坏社会秩序，使人们对法律失去信心

尽管社会一直在强调要对青少年加强法制教育，使青少年从小知法、守法，懂得用法律武器保护自己，但如果校园暴力的存在状态得不到有效改善，学生受到严重侵害而感受不到法律的作用，那么不但受害者本人会对法律失去信心，就连他们的家人、同学等也会对法律失去信心，最终导致社会的法制宣传事倍功半。

案例分享 >>>

职校生遭校园暴力患抑郁症

2019年6月18日，有网友爆料称，山西祁县职业中学一学生遭受200余天校园霸凌，并因此患上抑郁症。该事件很快引发网友们的广泛关注。据了解，一开始在网上曝出这起校园暴力事件的人正是被霸凌的受害者。据该受害人所言，从2018年10月开始，他在学校被四人组成的"黑恶势力"进行了长时间的暴力殴打。

这些人对他的伤害，从一开始对他进行殴打、往他的床褥泼水、用烟头烫坏他的床单、强迫他整理所有人的宿舍内务并帮他们叫早餐，后来"升级"成把空心钢管插进他的嘴里、用燃着的烟头在他脸上的胡须部位烧胡须等。种种恶行，令人心惊。这些折磨令他的身体和精神都受到严重摧残，久而久之便患上了抑郁症，导致无法在校正常学习和生活。

目前被打学生家长已经报警处理，公安机关接到学生家长报警，经深入

调查取证，初步确认了李某、孟某、吴某等人对受害者的殴打事实。

（资料来源：看点快报 . 2019 年 6 月 22 日。）

2. 正确应对校园暴力事件

（1）及时脱险

当伤害即将发生，首先应想到的是在短时间内尽快脱离险境，这样才能最大限度地避免危害伤及自身。必要时尽量满足对方提出的要求，逃离后及时报警寻求帮助。

（2）正当防卫

当自身安全遭到威胁，又不能及时脱险时，应采取必要的自卫手段，保护自身不受到更为严重的伤害。

（3）寻求援助

在遭遇暴力侵害时，应向老师、同学或校内保卫人员求助，他们会帮助你化解危机。如果暴力侵害危机事件已经造成了严重的后果或情况变得复杂，如受害人重伤、加害人畏罪潜逃等，则应向当地公安机关报案，请求援助。

（4）收集证据

当发生伤害事件，既无法脱身，又无法得到援助时，要对一些证据进行有效收集，如加害人使用的凶器、遗留物品，加害人的外貌特征、行为习惯等，为事后相关部门的抓捕工作提供线索。

二、预防艾滋病

（一）艾滋病的传播途径

艾滋病即获得性免疫缺陷综合征（AIDS），因感染人类免疫缺陷病毒（HIV 病毒）后导致免疫缺陷，并发一系列感染及肿瘤，严重者可导致死亡。艾滋病病毒在人体内的平均潜伏期为 8～10 年，在发展成艾滋病以前，患者外表看上去正常，他们可以没有任何症状地生活和工作很多年。

艾滋病的传播途径主要有三大类，分别是性接触传播、血液传播和母婴传播。没有证据证明，艾滋病可以通过以上 3 条途径以外的其他途径传播。

一般的接触并不能传染艾滋病，如共同进餐、握手等，所以艾滋病患者在生活当中不应受到歧视。

1. 性传播

在没有保护措施的情况下，与艾滋病病毒感染者发生有体液交换的性交，可以导致艾滋病病毒的经性接触传播。目前，经性途径传播已经成为我国艾滋病病毒感染最主要的传播途径。

2. 血液传播

通过输入含有艾滋病病毒的血液或血液制品或由于含有艾滋病病毒的血液污染相关器械可造成艾滋病的传播。主要形式包括与他人共用受艾滋病病毒污染的注射器进行注射吸毒、输入带有艾滋病病毒的血液或血液制品、使用被艾滋病病毒污染但未经严格消毒的采血设备或医疗器械、移植被艾滋病病毒污染的组织等都可能导致传播。被艾滋病病毒污染的针头或其他尖锐物体刺破了皮肤，破损的皮肤、伤口或黏膜接触了艾滋病病毒感染者的血液或体液，与艾滋病病毒感染者共用剃须刀、牙刷也有一定的感染艾滋病风险。

3. 母婴传播

感染了艾滋病病毒的妇女将病毒传播给其孩子称为母婴传播。被艾滋病病毒感染的孕妇，可以在怀孕期间将艾滋病病毒通过胎盘传给胎儿；也可以在分娩过程中，新生儿受到母亲血液或阴道分泌物的污染而感染。还可以在婴儿出生后通过乳液经哺乳感染。

拓展阅读

艾滋病的临床表现

1. 一般症状

持续发烧、虚弱、盗汗，持续广泛性全身淋巴结肿大。特别是颈部、腋窝和腹股沟淋巴结肿大更明显。淋巴结直径在 1 cm 以上，质地坚实，可活动，无疼痛。体重下降在 3 个月之内可达 10％以上，最多可降低 40％，患者消瘦特别明显。

2. 呼吸道症状

长期咳嗽、胸痛、呼吸困难、严重时痰中带血。

3. 消化道症状

食欲下降、厌食、恶心、呕吐、腹泻、严重时可便血。通常用于治疗消化道感染的药物对这种腹泻无效。

4. 神经系统症状

头晕、头痛、反应迟钝、智力减退、精神异常、抽搐、偏瘫、痴呆等。

5. 皮肤和黏膜损害

单纯疱疹、带状疱疹、口腔和咽部黏膜炎症及溃烂。

6. 肿瘤

可出现多种恶性肿瘤，位于体表的卡波济肉瘤可见红色或紫红色的斑疹、丘疹和浸润性肿块。

（二）艾滋病的预防措施

目前尚无预防艾滋病的有效疫苗，因此最重要的是采取预防措施。为有效避免感染艾滋病，中职生应做到以下几点：

（1）洁身自爱，避免婚前性行为。

（2）不到消毒得不到保障的诊所、医院打针、拔牙或进行手术。

（3）输液时要确保输液针头是一次性的。

（4）献血必须找正规的献血单位，否则卫生条件不达标，很容易沾染艾滋病病毒。献血前，应确保抽血针头是一次性的。

（5）远离毒品，不以任何方式吸毒。

（6）不与他人共用牙刷、剃须刀等生活用品；尽量避免接触他人体液、血液。

（7）不随便到消毒不严密的美容院穿耳、纹眉、纹身。

三、拒绝不良诱惑

（一）不良诱惑的表现形式

当前，中职生生活的社会环境较为复杂，面临着各种诱惑，如色情、赌博、毒品等。中职生要提高认识，对黄、赌、毒保持高度的警惕，拒绝任何人以任何方式引诱或强迫自己从事与黄赌毒相关的非法活动。

1. 黄

"黄"是指淫秽物品。《中华人民共和国刑法》

对"淫秽物品"的解释是，指具体描绘性行为或者露骨宣扬色情的书刊、影片、录像带、录音带、图片及其他淫秽物品。应注意的是，有关人体生理、医学知识的科学著作不属于淫秽物品，包含有色情内容的有艺术价值的文学、艺术作品不视为淫秽物品。

2. 赌

"赌"即赌博，是指利用赌具，以钱财作为赌注，以占有他人利益为目的的违法犯罪行为。赌博是一种丑恶的社会现象。大多数人接触赌博的原因，一是为了寻求刺激，娱乐消遣；二是试试身手，看看能否有所"收获"。但慢慢地，赌博就会成为他们的瘾癖。

如今，赌博的形式越来越丰富，如打麻将（赌资较大）、打扑克（21点、炸金花、梭哈等）、掷骰子、赛马、赛狗、轮盘赌、地下六合彩、老虎机、网络赌博等。

3. 毒

毒品，是指鸦片、吗啡、海洛因、大麻、可卡因、甲基苯丙胺，以及国家规定管制的其他能够使人形成瘾癖的麻醉药品和精神药品。毒品品种类繁多，目前已达到 200 多种。

（二）不良诱惑的危害

1. 色情的危害

（1）色情文化被称为"精神海洛因"，学生长期沉迷于此将荒废正常学业。

（2）色情信息宣扬的是各种畸形的性行为，长期接受这些信息对学生的身心健康会产生破坏性的影响。它会造成学生的身体功能紊乱，心灵扭曲。一些自制力差、意志薄弱的学生禁不住诱惑，甚至铤而走险，走向性犯罪的深渊。

（3）一些有组织的色情提供者会诱骗学生提供各种有偿性服务，对学生的人身安全甚至生命造成直接的威胁。而一些犯罪分子则诱惑学生与之进行"网恋""网婚"，待时机成熟时约请见面，实施犯罪。

案例分享 >>>

因浏览黄色网站引发的犯罪

17 岁的张某是南昌一所中专学校的在校学生。3 月 7 日这天，正是春节假期的最后几天。这天上午张某来到网吧上网，下午在家浏览手机上的黄色网站。受到不良刺激后，晚上张某就骑着自行车上街寻找作案目标。9点左右，他发现骑电动车的小云，于是就一路尾随她进入了储藏室。当小云将车刚停放好时，张某便冲进去捂住小云的嘴，威胁她不准作声，并对小云进行了猥亵。得逞后，张某立即骑车逃离现场。3月9日，张某前往南昌的学校报道，直到3月16日，民警将他押回广昌。审讯中，侦查员了解到，张某的父母常年在外务工，家中只有一名70多岁的奶奶。张某小时候因多次盗窃被警方教育处理过，落网后，张某问民警："我叫家里赔钱，还要坐牢吗？"当民警告诉他，其行为已经触犯刑法，必须判处有期徒刑时，他懊悔地低下了头。目前，张某涉嫌猥亵、侮辱妇女被公安机关刑事拘留。

（资料来源：看点快报.2019年3月22日。）

2. 赌博的危害

赌博是一种容易上瘾的非法活动，其危害主要有以下几个方面。

（1）荒废学业。赌博会影响学生的正常作息，上课注意力也难以集中，必定难以完成学习任务，导致学业荒废。

（2）助长不劳而获的习气。赌博的学生都有不劳而获的妄想，赌博赢了的不会满足，输了的总想着把输的捞回来，在这样极端且错误的想法下，赌博往往会无休止地继续下去，久而久之，会使他们的人生观、价值观发生扭曲，助长不良恶习。

（3）严重影响身心健康。通宵达旦地赌博，既影响正常睡眠，又扰乱饮食规律，对身体健康造成极大的危害。另外，赌博时人的精神会高度紧张，赢钱了会极度兴奋、情绪激动，输钱了则心烦意乱、脾气暴躁，情绪反差极大，长此以往，极易产生心理疾病。

（4）破坏人际关系。一旦赌博，就会千方百计地在想要赢对方的钱财，即使是至亲挚友对局，也如同仇敌。另外，赌徒的赌资多是向亲朋好友借的，且多数是还不上的。现实中，因赌博与家人、朋友反目成仇的案例数不胜数。

（5）引发犯罪。赌博是一种群体性的违法犯罪活动，在赌场上，很容易因情绪的不稳定而触发一些犯罪行为。另外，有些人因缺赌资而参与偷、抢等犯罪活动，最终锒铛入狱。

案例分享 >>>>

因赌博向同学伸"黑手"被判刑

中职生林某由于沉迷网络赌博，赌输钱后想回本，于 2019 年 10 月 10 日下午，到某中学 A 栋学生宿舍盗窃现金共 2 800 元人民币，后将盗得的 2 800 元现金全部存进银行卡用于网络赌博并输光。之后，其于 2019 年 10 月 11 日上午，再次回到某中学 A 栋学生宿舍盗窃现金共 2 950 元，后将盗得的 2 900 元现金存入银行卡用于网络赌博并输光，余下 50 元现金用于个人花销。2019 年 10 月 14 日，林某经公安机关口头传唤到案。人民法院审理认为，林某因以非法占有为目的，两次秘密窃取他人财物，均数额较大，其行为构成盗窃罪。

3. 毒品的危害

（1）危害身体机能。毒品剂量过大或吸毒时间过长，会对身体产生极大的危害。通常伴有机体的功能失调和组织病理变化。吸毒者的常见症状有嗜睡、反应迟钝、运动失调、产生幻觉、妄想、定向障碍等。

（2）导致精神障碍与心理变态。吸毒所致最突出的精神障碍是幻觉和思维障碍，表现为吸毒者的行为围绕毒品转，甚至为了吸毒而丧失人性。

（3）极易感染疾病。静脉注射毒品会给滥用者带来感染性并发症，最常见的有化脓性感染、肝炎以及艾滋病等。另外，长期吸毒会损害人的神经系统、免疫系统，使人极易感染各种疾病。

案例分享 >>>>

沾染毒品的恶果

杭州某校中职生张某，因吸毒进而贩毒，于 2019 年 3 月 2 日在温州家中被警方抓获。经审讯，张某交代，去年暑假她因好奇跟着男友第一次吸食了毒品，同年 12 月再次吸毒后便上瘾。由于自己还是学生，没钱购买毒品，便在男友的建议下开始了贩毒之路。警方表示，虽然张某的贩毒量不大，但已经触犯了法律，将要面临法律的惩处。这对一个中职生来说，代价非常大。

（三）面对不良诱惑的对策

1. 远离色情

（1）要正确认识性。多数人在青春期的时候都会对性产生强烈的冲动和好奇，这是人体的正常生理反应，不应回避或感到羞愧，应该学习相关理论和知识，正确而积极地对待和异性的相处。

（2）要重视个人修养，培养正确的人生观和是非观。

（3）要培养健康的兴趣爱好。健康的兴趣爱好可以给中职生带来很多好处，如提高身体素质、释放压力等，还可以从中获取智慧，从而自觉抵制不良诱惑。

2. 远离赌博

（1）不要抱有侥幸心理。赌博，十赌九输，要明白赌博当中有很多骗局，害人害己。

（2）远离赌博性质的游戏。平时多看一些反赌题材的书籍，很多人因为赌而倾家荡产，要深刻明白其中的道理。

（3）转移注意力。通过参加有益的集体活动、户外运动或其他休闲活动，转移对赌博的注意，打消赌博的念头。

（4）保持一种健康积极向上的心态，多做一些有意义的事，多运动，多锻炼。

3. 远离毒品

（1）充分认识毒品违法犯罪活动的危害性，加强自身的学习和法律意识修养，培养高尚的情操和伦理道德观念。

（2）积极参加有益健康的文体活动，增强集体观念，培养广泛的兴趣爱好，避免孤僻的生活方式。

（3）提高对毒品的防御能力，不要结交有吸毒恶习的朋友或听信他们的谗言。

（4）决不可因好奇而尝试毒品，以防止上瘾而难于自拔。

（5）一旦沾染毒品，要积极主动向老师和学校报告，自觉接受学校、家庭及社会有关部门的监督戒除及康复治疗。

课后实践

我的禁毒宣言

训练所需材料

广告纸若干，彩色笔若干。

活动步骤：

①将学生分组（以扑克牌的花色为分组线索）

②分组后，小组长领取活动材料。

③每个小组设计一份禁毒宣言的策划，并用彩笔画在广告纸上。（以校园禁毒宣传为主要背景）

④每个小级设计好之后，请发言人到台上来解释并展示给同学们。

第五单元　学会学习　终身受益

生命的美丽应当这样欣赏，那是孤灯下的夜读，洋溢着淡淡的光华，像一个美丽的童话。我们正朝气蓬勃放飞梦想，我在困境中选择了坚强。探索未来，天地间求知最美；学会学习，希望从这里开始。

学习目标

认知：学会时间管理。理解学习方法对提高学习效率和技术技能的重要意义，掌握高效的学习方法。了解社会发展对学习提出的新要求。

态度：端正学习态度。善于利用闲暇时间，培养多种兴趣。

运用：提高数字化学习能力，提升信息素养，树立终身学习意识。

引入案例 >>>>

高会军是怎样从中专生逆袭为 985 教授的？

高会军，可以称为我国最励志的大学教师了。他曾经只有中专学历，若是按照很多人的发展轨迹的话，要么定格在了原有的层次，要么会过上十分平淡的一生。但他却一直没有放弃也没有气馁，而是通过不断自己在求学之路上的努力奋进和学术生涯上的自我潜力开发，最终从中专生逆袭为 985 教授。

高会军最初毕业于陕西一所中专院校，当时自己只有 19 岁，在陕西这所中专的机械制造专业毕业后的他并没有像很多人放弃了学业生涯，反而是不断通过自学的方式，经过自己的努力，在 1998 年的时候拿到了自学本科学历，而且专业方向和中专时期一致。

在当时，以自学考试拿到本科学历已经十分难得，如果在 90 年代末直接找到一份合适工作的话，会活得十分不错，而高会军继续进行了自己的求学生涯，用了 3 年时间读完了沈阳工业大学的研究生，在当时学校里面已经是一个励志神话，毕竟低学历出身而且又读研究生，在那个年代实在是不多见。

从沈阳工大硕士毕业后的他依然没有停歇前进的脚步，在哈工大这所工科大牛 985 院校，自己再次找到了方向，高会军在哈工大用了 4 年时间读完博士，并且在 2004 年的时候已经留在了哈工大任职讲师一职，此时的他只不过 28 岁而已。

高会军在科研和专业上的热爱，让其自己不断探索与前进，而且还拿到过香港大学的荣誉教授称号，如今在哈工大的高会军已经成为交叉科学研究中心的主任，高会军从中专学历开始，自己先后用了近 15 年的时间求学，最终逆袭，成为了哈工大这所 985 的博导教授，如今更是被评为了长江学者，同时在科技发明上面有着很多成果。

（资料来源：腾讯网：闲话谈教育。）

思考：是什么让高会军从中专生逆袭为 985 教授？结合他的经历，讨论一下我们为什么要学习？

第一课　端正学习态度

一、学习的重要性

学习是指通过阅读、听讲、思考、研究、实践等途径获得知识或技能的过程。它不仅是一种态度，更是一种能力。学习在我们的人生中具有重要的作用。

扫码阅读

（一）学习是获得各种知识的最佳途径

在漫长的历史长河中，我们的先人积累了丰富的知识、经验和理论。每一代人都在前人的基础上，加以丰富、改进和完善，从而推动社会的进步。因此，对于今天的我们而言，学习仍是获得各种知识的最佳途径。

（二）学习是掌握各种技能的最佳方法

要在社会上安身立命，我们除了需要获得各种知识以外，还需要掌握各种实用技能，如各种专业技能、沟通技能、管理技能等。那么，学习便是我们掌握各种技能的最佳方法。

（三）学习是深化认知、完善自我的最佳手段

随着科技的飞速发展，社会的不断进步，我们只有不断学习，才能逐步深化自己的认知水平，完善自我，进而跟上社会前进的步伐。

智慧之光

人不光是靠他生来就拥有一切，而是靠他从学习中所得到的一切来造就自己。

——歌德

二、中职生常见的学习问题

（一）学习动机问题

学习动机是直接推动一个人进行学习活动的内部动力。它是学生在学习活动中的一种自觉能动的、积极的心理状态。学习动机缺乏和过强都会影响学习效果。

1. 学习动机缺乏

在中职生的学习生活中经常会见到一些散漫、懒惰、得过且过、对任何事情都提不起兴趣的中职生，这就是属于缺乏学习动机的情况，其表现主要体现在以下几个方面。

（1）没有明确的学习目标

此类中职生在学习上既无远大志向，也无近期目标，缺乏前进的动力。他们对于未来没有规划，碌碌无为、散漫拖沓、不思进取，在学习上具有较强的依附性和从众性。

（2）注意力分散

此类中职生注意力不易集中，容易被外界事物干扰，无法专心看书，不能集中精力思考，兴趣容易转移，上课思想容易开小差。学习上常表现为一知半解，没有恒心。

（3）成就动机缺乏

此类中职生的求知欲和上进心不足，感觉不到学习的压力，在学习上缺少自信心和自尊心，缺乏学习热情。他们没有取得优秀成绩的渴望，没有期待成功的抱负，不会因为同学的好成绩而焦急，也不会因为自己的失败和落后而自责，仿佛置身于学习之外毫不在乎。

（4）学习方法缺失

此类中职生通常把学习当作是被迫从事的行为，不愿自觉主动地去寻求适合自己的学习方式，因而在学习上长期处于消极和被动状态，缺乏科学的学习方法和策略，仅满足于死记硬背和应付考试，因而很难适应灵活自主的学习生活。

（5）厌学情绪

此类学生通常会感觉学习枯燥、无聊和乏味，他们在学习中的失败体验总是大于成功的喜悦，很少能感觉到学习带来的快乐与成就，常常表现出烦躁、厌恶、畏缩和逃避等情绪，对学习经常是敷衍了事。

2. 学习动机过强

学习动机过强与学习动机缺乏一样，也会影响学生的学习，降低学习效率，还有可能造成心理困惑和生理不适。其具体表现主要体现在以下几个方面。

（1）自我期望值过高

此类中职生由于缺乏对外界因素及自我的全面认识，往往会把"理想我"定位在较高的水平，目标设置过高，成就欲望强烈，自我抱负与期望超出自己的实际能力范围。在实际学习过程中，如果达不到自己的理想状态，就会产生失败的情绪体验，自尊心和自信心受到挫伤，久而久之导致自卑和抑郁等心理问题。

（2）学习过于勤奋

此类中职生往往把学习看成是至高无上的，并且坚信勤奋付出就一定能获得回报。因此，他们把所有的时间和精力都放在学习上，为了学习全力以赴，甚至废寝忘食。为了避免浪费学习时间，他们对娱乐或文体活动一概都不过问。长此以往将会影响中职生正常人格的发展，阻碍综合素质的提高。

（3）争强好胜

此类中职生好胜心较强。他们十分看重自己的分数、名次和荣誉，希望取得优秀的成绩，得到家长和老师的赞扬，得到他人的认可，以证实自己的能力。因而他们会害怕失败，患得患失，并存有一定的嫉妒心理。

（4）情绪紧张

此类中职生经常在巨大的压力下超负荷地学习，紧张的情绪得不到有效的缓解，大脑活动长期处于疲惫状态，长期如此导致注意力不集中、思维迟

钝、记忆力减退等问题，情况严重者还会引起头痛、失眠、心悸和胃肠功能失调等多种生理疾病。

（5）自我要求苛刻

此类中职生总是不断地追求学习上的过高目标，不允许自己有一点的错误或失败，一旦没有达到自己的理想目标，就会自责、自我贬低，并给自己增加更大的压力。他们不满足于现状，成功不会给他们带来太大的喜悦，他们只会看到更高的目标。他们经常会用自己的缺点和他人的长处进行比较，对自己的要求过于完美。

（二）学习焦虑问题

学习焦虑是由于不能达到预期的学习目标或不能克服学习上的困难而产生的紧张、不安、忧虑和恐惧等情绪状态。在如今的中职生中，学习焦虑问题普遍存在，尤其是个性敏感、性格急躁的中职生更容易陷入焦虑的情绪之中。

学习焦虑主要表现为过度紧张、顾虑问题过多、注意力分散、思维迟钝及情绪烦躁等，严重者还会伴有头晕、头痛和失眠等症状。长期处于焦虑状态会降低学习效率，影响学习成绩，使中职生产生挫败感和内疚感，增加焦虑程度，进而形成恶性循环，引发心理疾病。

案例分享 〉〉〉

不要被焦虑所打倒

张晨是一名中职生，她学习上进，记忆力较强，深受老师的器重。每逢学科竞赛，学校都会推荐她去参加，这给她造成了很大的心理压力。

在一次数学竞赛前，她由于紧张，一夜没睡，考试的时候头昏脑胀、心慌意乱，复习过的知识很多都想不起来了，最后勉强交了卷。结果，考试成绩很不理想，她为此感到自责，还对数学产生了畏惧心理。每到考试临近，她就会紧张焦虑，无法专心复习，同时还伴有失眠问题。

（三）注意力不集中

注意力是人类各种活动的基础，中职生的学习更离不开它，注意力不集中会直接导致学习效率降低，学习成绩下降。注意力不集中具体表现在以下几个方面。

1. 容易分神

在学习时不能有效地控制自己的心理活动，上课时不能专心听讲，目光停滞，思维漂浮不定、远离当前的学习活动，且不宜收回；看书时经常不自觉地进行无关联想，经常沉浸于"白日梦"之中而忘记眼前的学习内容。

2. 易受干扰

在学习时很容易受到外界无关刺激的影响，阻断学习的思维过程。例如，他人的走动、细微的声响等都很容易将其注意力吸引过去，使思维偏离当前的学习情境。

智慧之光

专注、热爱、全心贯注于你所期望的事物上，必有收获。

——爱默生

3. 无关动作增多

在学习的过程中，经常伴有一些与学习无关的动作，如摆弄手指、玩弄笔杆、东张西望或者频繁地找东西等，以致无法将注意力集中在学习上。

4. 学习效率降低

在学习时总会多次重复某一相同的学习内容，学习进展缓慢，在读书时只是机械地阅读表面文字，不易调动思维深入理解其内涵，因而看似花费较多时间学习，但却不见成效。

（四）记忆力障碍

中职生的学习是在记忆的基础上进行的，记忆力的优劣会影响学生学习的效果。一般来说，良好的记忆力具有四个品质：即识记的敏捷性、保持的持久性、记忆的精确性和信息提取的准确性。记忆力障碍便是其中一个或几个品质表现差而引起的记忆问题。

1. 识记速度慢

学习是从识记开始的，识记是记忆的必要前提。识记速度慢是指在学习过程中，对于某一问题的记忆往往要经过多次反复，对于短时间内大信息量的记忆感到困难。

2. 保持时间短

保持是指将识记下来的信息短期或长期地保存在大脑中，使其暂时不遗

忘或者许久不遗忘。保持时间短是指经过识记的信息在头脑中存留的时间很短，遗忘速度快。例如，在课堂上记忆的知识，课下就全部遗忘了。

3. 记忆不精确

记忆不精确是指对于经过识记的信息在头脑中保持的印象模糊，往往只能记住大概，无法深究其细节。在需要应用时会发现某一知识有经过记忆的痕迹，但却似是而非、记忆不完全。

4. 信息提取困难

信息提取是指个体依据当前任务的需要，迅速而准确地从记忆中将保持的信息提取出来的过程。信息提取困难主要表现为在需要运用某一知识时，不能顺利地从记忆系统中提取出来，不能很好地将所学知识应用于实际。例如，考试时答非所问。

三、学习问题成因及对策

（一）学习方法不当的成因与对策

1. 学习方法不当的成因

（1）学习上缺乏计划和安排，随意性较大。

（2）不具备发散思维，学习比较机械性，一味地"死读书"。

（3）对影响学习的非智力因素，如情感、意志、动机、性格等新开发提升不够，从而影响了学习效果，抑制了学习能力的提高。

（4）对于学习过于急功近利，不懂得劳逸结合，使学习效率大大降低。

（5）只关心书本上的知识，对其他知识涉猎甚少，不能联想和触类旁通。

2. 学习方法不当的心理调试

（1）树立信心

研究显示，一般人的学习只利用了大脑的 $3\% \sim 5\%$，就是所谓的天才也只利用了大脑的 10% 左右，也就是说，人的脑潜力高达 90% 甚至更多。因此，要经常给自己积极的心理暗示：我很有潜力，我能行。

（2）开发非智力因素

大量的研究证明，影响学生学习成绩的因素多数并非智力因素，而是情感、意志、动机、性格等非智力因素。树立远大的理想，确立自己的学习目标，培养广泛的兴趣爱好，磨练坚强的意志，养成豁达、开朗、勤奋、勇敢、果断坚强的好品质。

（3）养成良好的学习习惯

保证课前预习、课堂学习、课后复习、课外练习四个环节环环相扣，是提高学习成绩，提升学习效果的最基本办法。

（4）制订切实可行的学习计划

学习计划要包括长远的规划和近期的目标。合理的安排和有效的计划会使学习井然有序。长远计划可以定的高一些，甚至可以是自己觉得不可能达到的；而近期计划则要制订的切合实际，保证做到"跳一跳就能吃到果子"为最佳，这样每一点一滴的努力都会看见成果，成就感就会增强，就会使学生以更大的热情投入学习，最终形成良性循环。

（5）分散学习

曾经有人做过一项实验：通过以下两种方法背诵 50 个单词。

①将这 50 个单词集中背诵，中间没有休息，直到全部背完。

②将这 50 个单词分为五组，每组 10 个。首先背诵第一组，休息一段时间后，复习第一组并背诵第二组，在休息一段时间，复习前两组并背诵第三组……以此类推，直到五组单词全部背完。

那么检查一下那种学习方式效果较好呢？显然是第二种，也就是分散学习法，这种方法使每次的学习更加轻松，更加节省时间。

（6）合理安排，劳逸结合

要合理地安排学习与休息的时间，紧张的学习之后有适当的休息，会使得头脑清醒，精力充沛。适量的体育锻炼调用大脑的其他功能，使大脑的学习区域得到更好的休息，也有利于身体健康。

（二）学生厌学的成因与对策

1. 学生厌学的原因

（1）课业负担过重，学习方法不当

升入高一级学校之后，学习内容增多，学习难度加大，导致学生自入学起就背上了沉重的课业负担。长此以往，学生不堪重负，求知欲下降，兴趣丧失，渐渐滋生厌学情绪。部分学生因学习方法不当，导致成绩不理想，长期的无成就感造成对学习失去信心，继而感到厌恶。

（2）缺乏正确的人生观和价值观

一些学生从小就被灌输"成绩高、升重点、考大学、好工作"的片面的人生观和价值观，在升入职校之后觉得与理想差距太远，自身缺乏一种持久的、内在的激励机制，产生放弃逃避的消极情绪。

（3）意志品质薄弱

一些学生缺乏克服困难的决心和毅力，遇到困境就会止步不前，半途而废。

（4）部分老师、家长不正确的教育方式

一些家长和老师对成绩落后的学生不是耐心地帮其分析原因，找到解决办法，而是严厉指责、冷嘲热讽，更有甚者置之不理，使学生自尊心受到极大的伤害，继而产生逆反和厌学情绪。

2. 学生厌学的调适

（1）调动学习兴趣

兴趣是一切学习的源动力，在浓厚兴趣下的学习活动，一旦成功，就会产生学习的价值感、荣誉感和喜悦感，从而进一步强化学习的需要，使学生取得更积极的学习态度和学习行为。

拓展阅读

提升学习兴趣

某心理学家曾对三千多名缺乏学习兴趣的青少年进行心理辅导训练，参与辅导训练的青少年选择一门不感兴趣的课程，每天进行下列练习：

A. 细心体会：面对自己最不感兴趣的课程学习内容，面带微笑、搓着双手，做出摩拳擦掌、跃跃欲试的样子，而且让自己充分感觉到这一点。

B. 心中默念：下面的学习内容将是我能够理解的，我会很高兴地进行学习。

C. 提醒自己：我一定要努力地去学习，要比平时更加细心，花再多的时间也是值得的。

结果证明，绝大多数同学对原来最头疼的课程均产生了兴趣。这种练习方法不仅非常简单而且十分有效，但需要练习者坚持训练一段时间，就一定会改变学习心态。你相信吗？不信的话，你也可以来试一试。

（2）树立正确的人生观、价值观

正确认识自我现状，结合社会需求，建立正确的人生观和价值观，进而产生学习的自觉性，激发强烈的求知欲、稳定的兴趣和高度的社会责任感。

（3）**磨练意志和品质，克服懒惰思想**

把每日的学习任务、学习目标做个规划，内容详尽具体易于操作，请家长、老师或好友进行监督，克服懒惰无毅力的消极情绪，培养良好的学习习惯。

（4）**加强与老师和家长间的交流**

越多的交流就越能使彼此了解对方，学生把自己的想法和问题及时反馈给老师和家长，而老师和家长要尊重学生的人格，了解它们的思想动态，给予适当的鼓励和耐心的开导，帮助学生从困境中走出来。

课后实践

我的学习目的

通过以下题目使同学们明确学习是一种复杂的心理现象，认识自己的学习心理状况，调整那些不恰当的学习心理。

1. 我的学习目的是_____

_____。

积极的动机是_____。

消极的动机是_____。

2. 在过去的学习中，我感兴趣的课程是_____

_____。

感兴趣的原因是_____

_____。

第二课　学会高效学习

一、确立适当的学习目标

适当的学习目标是保证学习稳步进行的前提条件，可以增强学习意志力。中职生在确立学习目标时可以综合考虑以下几个方面。

扫码阅读

（一）符合自身情况

中职生确立的学习目标，应符合自身情况。中职生应学会对自己的性格特征、优势、不足等情况进行客观评价，从而确立切实可行的学习目标。

（二）高低适度

中职生确立的学习目标，应保持高低适度。当确立的学习目标过高时，会很难达到预期的效果，进而可能导致自尊心受挫、积极性受打击等危害；当确立的学习目标过低时，就会失去确立目标的意义，达不到促进学习的效果。

（三）目标集中

中职生确立的学习目标，应保持相对集中，避免过度分散。只有目标专一，才能全身心地投入学习，因此，中职生应当根据实际情况，选择一个主攻的方向。

（四）符合社会的需要，具有长远性

中职生学习的最终目的是服务于社会，实现自身的价值。因此，在确立学习目标时，既要符合现实社会的需要，又要跟上时代发展的步伐；既要立足当前，又要着眼于未来。

智慧之光

目标既定，在学习和实践过程中无论遇到什么困难曲折都不灰心丧气，不轻易改变自己决定的目标，而努力不懈地去学习和奋斗，如此才会有所成就，而达到自己的目的。

——吴玉章

二、合理安排学习时间

科学、合理地安排学习时间，可以使学习效率大大提高。中职生可以根据自己的学习习惯和生理特征，有计划、有目的地安排学习时间。具体可以从以下两点出发。

（一）把握"黄金时间"

黄金时间是指人的精力最充沛、注意力最集中、学习效率最高的那段时间。如果能合理安排好学习时间，充分利用最佳用脑时间段，常能事半功倍。需要注意的是，由于个体的差异，每个人的"黄金时间"不尽相同，中职生可根据自身的特点安排学习时间。

（二）"化零为整"，有效利用零散时间

一些中职生会认为只有在较长的时间段内进行学习才更有效果，殊不知将生活中的零散时间充分地利用起来，进行学习，会有惊人的效果。例如，在路上、车上或等待的时间里进行一些记忆性的学习，日积月累会有很大的收获。

看视频课程中……

全心全意投入学习真好

拓展阅读

时间管理方法

一、计划管理法

以日计划为例，该方法要求每天在固定时间将要做的工作事先列出一份待办单，排出优先次序，确认完成时间（要为应付紧急情况留出时间），完成一项工作划掉一项。待办单主要包括的内容如下：非日常工作、特殊事项、行动计划中的工作、昨日未完成的事项等。另外，要避免遗忘就要避免半途而废，尽可能做到今日事今日毕。

二、时间"四象限"法

时间"四象限"法是美国的管理学家史蒂芬·科维提出的一个时间管理理论，按照重要性和紧急性两个不同的维度，将工作分为四个大类：既紧急又重要、重要但不紧急、紧急但不重要、既不紧急也不重要。具体处理工作时，按照上述顺序依次进行。

三、番茄工作法

番茄工作法是一种简单易行的时间管理方法，是由弗朗西斯科·西里洛于1992年创立的。该方法的原理如下：每个番茄时间为"25分钟工作＋5分钟休息"，每3～4个番茄时间为一轮，之后可以休息10～15分钟。

三、运用学习策略

学习策略是为了提高学习效率和效果，有意识、有目的地规划学习过程的方案。学习策略一般包括精细加工策略、组织策略和复述策略。

（一）精细加工策略

精细加工策略是一种将新学知识与头脑中已有知识联系起来，从而增加新信息的意义的深层加工策略。具体而言，精细加工的过程是在学习的过程中接触新知识、掌握新知识、并将新知识同已有知识相结合、建立二者的联系、运用自己的思维进一步理解新知识、记忆新知识的过程。常见的精细加工策略，如谐音记忆法、视觉联想法和编歌诀法等。

（二）组织策略

组织策略是指整合所学新知识之间、新旧知识之间的内在联系，形成新的知识结构的策略。运用组织策略可以帮助中职生使知识形成体系，更加有效地学习。常见的组织策略，如提纲法、图表法等。

（三）复述策略

复述策略是指在学习记忆之中为了保持信息，运用内部语言在大脑中重现学习材料或刺激，以便将注意力维持在学习材料之上的策略。常见的复述策略有及时复习、分散复习和过度学习（在初步掌握学习和记忆的内容之后，再进行适当程度的重复学习）。

课堂讨论

你是怎么学习的？采取了哪些学习方式？有哪些需要转变、改进的地方？

四、学会科学用脑

大脑是学习的生理基础，科学用脑是充分发挥大脑潜能、提高学习效率的根本保证。因此，中职生在学习过程中应当注意科学用脑，以保证学习的顺利进行。

（一）保障物质供应

大脑的正常运转需要充足的营养物质。中职生应注意饮食的均衡、营养和健康，避免偏食、营养不良等问题对大脑造成伤害，同时还应避免烟酒的刺激。

（二）保证充足休息

充足的休息是大脑正常发挥其功能的必要条件。中职生可以通过充足的睡眠，使大脑得到休息，还可以根据自己的生理特征合理地安排休息时间，如交替安排学习内容、多种活动相互转换，以保证大脑皮层的各个区域轮流工作和休息。

（三）有规律地学习

有规律地学习是根据自身"生物钟"的特征，合理安排学习、锻炼、娱乐和睡眠时间，以形成一定的生活规律。有规律地学习可以保证大脑在学习时能够高速运转，从而取得良好的学习效果。

拓展阅读

最佳用脑时间

有研究表明，一天当中有以下四个最佳用脑时间。

（1）早上起床时。此时无前摄抑制（先识记的知识对后继识记知识的干扰）作用，适合学习那些记忆难度较大的知识，如英语单词、古诗文等。

（2）上午8～10点。此时人的精力充沛，大脑处于最易建立条件反射的中度兴奋状态，适合攻克需要周密思考的难题，如知识应用题。

（3）晚上18～20点。此时是一天中记忆效果最好的时间，适合复习全天所学的知识。

（4）临睡前。此时无倒摄抑制（后识记的知识对先前识记知识的保持与回忆的干扰）作用，适合回顾先前识记的知识。

五、提升学习能力

信息化时代不仅是知识竞争的时代，更是能力竞争的时代，这要求我们应当具备再学习的能力，不断吸纳新的知识和技能，以适应社会发展的变化。

（一）激发学习动力

要想提升学习能力，首先要激发自己的学习动力，树立自主学习意识。例如，主动、认真地听课，主动思考问题，保质保量地完成学习作业等。

（二）加强自学能力

中职生在课堂上学到的知识往往是概括性、方法性和线索性的，而要想真正掌握专业知识并在本专业得到发展，还需要具备良好的自学能力。中职生可以通过树立自信心、培养坚强的意志、保持乐观的态度，来有效地进行自我控制，以使自学达到预期的目标。例如，通过自行阅读大量专业相关的书籍，来拓展自己的专业知识。

（三）培养创新能力

当代的中职生正处在知识迅猛发展的时代，单纯地掌握知识已不能满足社会对于人才的要求，中职生还必须具备较强的探索能力和创新能力，才能适应时代发展的需要。

1. 注重多方面知识的积累

丰富的知识经验是创新活动的基础。中职生可以通过各方面知识和经验的积累，不断开阔视野、启迪智慧，发现事物之间的关系、特征及发展规律，从而培养创新意识。例如，通过大量的课外阅读来开阔眼界。

2. 善于观察，勤于思考

观察和思考是提高创新能力的重要前提。在日常生活中，中职生应当养成善于观察、勤于思考的习惯，习惯性地关注生活中的细节，尝试从本质和规律入手去认识事物，提升自己在现象中发现问题的能力。

3. 培养问题意识

问题意识是能够在复杂多变的事物之中发现问题的能力。培养创新能力的根本就在于主动发现问题、提出问题和解决问题。例如，我们可以通过多问"为什么"，来逐渐培养自己的问题意识。

课后实践

学习方法交流会

（1）学生自由发言，谈谈自己学得轻松的科目的学习经验。

（2）教师认为比较好的学习方法。

（3）根据交流成果，每位同学找一套适合自己的学习方法，并以 PPT 的形式提交。

第三课　树立终身学习意识

一、终身学习的重要性

终身学习指社会每个成员为适应社会发展和实现个体发展的需要，贯穿于人的一生的，持续的学习过程。

终身学习的目的，不仅是掌握知识，更重要的是学会学习，增强创造力；学习群体没有资格限制，任何人都是这个学习体系中的一员；终身学习在时间和范围上包括一个人一生中所进行的任何形式的学习。社会在总体上将会用能力取代知识，用需求取代文凭，并为终身学习提供广阔的舞台。

扫码阅读

构成我们学习最大障碍的是已知的东西，而不是未知的东西。如果不想在世界上虚度一生，那就要学习一辈子。经常不断地学习，你就什么都知道。你知道得越多，你就越有力量。

案例分享 >>>

70 岁老人的五次高考

柳玉春老人已经 70 岁了。按照常理，这个年纪的老人无论是务农还是工作，都该歇下来颐养天年了，可是柳玉春老人却在积极备战高考。希望用知识改变命运，这是他一直以来的心愿。

1978 年，柳玉春老人参加了他人生中的第一次高考，不过那次高考失利了。之后，他便放弃了再次高考，开始做食品加工生意，正做得风生水起的时候，却遭遇诈骗，最后弄得一贫如洗。

柳玉春觉得，他这一生中很多经历都与缺乏文化知识有关，如果自己懂法学法，当年开厂也不会被骗；如果当年有

文化知识，厂子也不至于倒闭。学到了知识，自己可以有事做。也能为别人办点事。

于是，在距第一次参加高考40年后，年近70岁的柳玉春老人再一次萌生了参加高考上大学的念头。他每天就在自己简易的房间里复习功课，一点一滴地积累知识，圆自己的大学梦。但是，由于时间太过久远，复习不得法，柳玉春老人连续三年高考失利。

2020年，柳玉春老人再次整装出发，信心十足地走进属于自己的战场。他对知识的渴求、对知识的敬畏为我们树立了一面旗帜。

（资料来源：高三网：刘思琪文（2020-07-26）。）

智慧之光

少而好学，如日出之阳；壮而好学，如日中之光；老而好学，如炳烛之明。

——刘向

二、信息化时代的学习

（一）信息化时代的特点

信息化时代是从有形物质创造价值的社会向无形信息创造价值的新社会转变的时期。在信息化时代，知识的积累成为创造财富的主要来源。信息化时代主要具有以下特点：

（1）社会经济结构以服务性行业为主。

（2）专业和技术逐渐成为社会发展的决定因素。

（3）知识创新成为社会发展的主要动力。

（4）人们更加关注社会未来的发展趋势。

（二）中职生应具备的信息素养

信息素养是传统与现代文化素养相结合的科学文化素养。中职生应具备的信息素养主要包括信息知识、信息能力、信息道德和信息意识。

1. 信息道德

信息道德是指在获取、利用和传播信息的过程中，应当遵守的道德规范。信息道德要求我们不得危害国家、社会和他人的合法权益。例如，我们在利用网络、刊物等信息时，应当避免侵犯他人的知识产权。

2. 信息知识

信息知识是利用信息技术工具、信息传播途径积累的经验知识。中职生要想充分掌握各种信息知识，首先应学习计算机应用，并学习各种计算机相关知识。

3. 信息能力

信息能力是运用信息知识、参与信息活动的能力。信息能力是信息素养的核心。中职生应当具备判断和掌握信息资源价值的能力，具备相关的知识和技能，如能够熟练地使用网络资源，能够充分利用网络技术服务于自己的学习和生活等。

4. 信息意识

信息意识是对信息和信息工作的感觉、知觉、情感和意志等，它影响一个人的信息行为。作为中职生，应当首先树立信息意识，能够有针对性地获取所需信息，如有目的地上网搜寻信息，经常阅读相关信息等。只有当对信息源了解较多且解读信息的能力较强时，才能快速地发现那些隐含的信息。

课后实践

思考大讨论

(1) 学习有终点吗？

(2) 终身学习到底是一种什么样的学习？

(3) 你准备怎样去终身学习？

第六单元 规划生涯 放飞理想

职业生涯的发展就像一次登山的历程，不像百米竞赛那样可以一目了然、干脆利落。它考验我们的不仅是速度和耐力，也考验我们的应变能力。谁能制订好自己的目标和计划，谁能管理好自己的体力和智力、情绪和意志，谁才能更快更好地享受登顶的无限风光。让我们继续前进，规划好自己的职业，规划好自己的未来，放飞理想的翅膀吧！

学习目标

认知：了解中职学生的就业优势，掌握应对职业发展中心理冲突的方法。了解职业生涯发展评价要素，明确职业生涯规划评价标准，学会评价职业生涯规划。了解调整职业生涯规划的必要性。

态度：增强职业适应性，提高职业生涯规划执行力。

运用：把握职业生涯规划调整的时机，持续完善职业生涯规划，放飞理想，人人出彩。

引入案例 >>>

"水滴石穿"给我们怎样的启示？

宋朝时，有个叫张乖崖的人，在崇阳县担任县令。当时，崇阳县社会风气很差，盗窃成风，甚至连县衙的钱库也经常发生钱、物失窃的事件。张乖崖决心好好刹一刹这股歪风。

有一天，他终于找到了一个机会。这天，他在衙门周围巡行，看到一个管理县行钱库的小吏慌慌张张地从钱库中走出来，张乖崖急忙把库吏喊住："你这么慌慌张张干什么？"

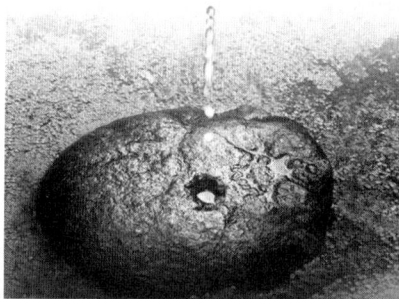

"没什么"，那库吏回答说。张乖崖联想到钱库经常失窃，判断库吏可能监守自盗。便让随从对库吏进行搜查。结果，在库吏的头巾里搜到一枚铜钱。

张乖崖把库吏押回大堂审讯，问他一共从钱库偷了多少钱，库吏不承认另外偷过钱，张乖崖便下令拷打。库吏不服，怒冲冲地道："偷了一枚铜钱有什么了不起，你竟这样拷打我？你也只能打我罢了，难道你还能杀我？"

张乖崖看到库吏竟敢这样顶撞自己，不由得十分愤怒，他拿起朱笔，宣判说："一日一钱，千日千钱，绳锯木断，水滴石穿。"意思是说，一天偷盗一枚铜钱，一千天就偷了一千枚铜钱。用绳子不停地锯木头，木头就会被锯断；水滴不停地滴，能把石头滴穿。判决完毕，张乖崖吩咐衙役把库吏押到刑场，斩首示众。

从此以后，崇阳县的偷盗风被刹住，社会风气也大大地好转。

综上文献所述，才有了"水滴石穿"这一成语。

思考：你如何理解"水滴石穿"这一成语？它给我们怎样的启示？

第一课 职业生涯规划贵在坚持

一、中职生的就业优势

近年来，中等职业学校的毕业生在就业市场上非常受欢迎，平均就业率超过 95%。那么，中职生有哪些就业优势呢？

扫码阅读

（一）拥有较强的职业技能

与其他教育类型相比，职业教育主要是根据市场需求，培养市场需要的技术技能人才。中职生在学校的课程，是根据企业岗位的工作职责和需求来进行设计。每一位努力学习、顺利毕业走入岗位的中职生都掌握着符合岗位的技能，可以大大缩短在岗位上的学习时间，企业自然愿意聘用。

（二）具有丰富的实践经验

中职生，无论是在校学习，还是校外实习，都是围绕着实践进行。学校也会引进企业中丰富经验的技术人员作为学生老师，帮助中职生熟悉未来岗位。为此，中职生具有丰富的实践经验，在就业竞争上会转化为中职生的巨大优势。

（三）校企合作的保障

一直以来，产教融合校企合作是职业院校培养高素质技能型人才的重要模式，也是企业实施人才战略之趋势。例如，通过学校与企业签订订单式培训的协议，让学生在学校完成基本专业技能的学习后，到合作企业相关岗位进行实习，毕业后继续留在企业工作，实现教学、实习、就业的无缝连接。有了校企合作平台的保障，中职生可以减少自主就业的烦恼。

二、职场中的困难与挑战

（一）职场人际冲突

职场是一个相对较小的社会系统，其中有限的认可、加薪、晋升机会，以及多样化的分工合作，使得同事关系、上下级关系存在一定的复杂性。在职场打拼的人，很关键的一项技能就是人际关系的处理能力，这项能力往往很大程度上决定着一个人的工作成就。但是仍有很多人不能很好地处理职场人际关系，从而影响个人的工作发展。

（二）薪资不如愿

薪资是大部分人都非常关心的事情，在工作中，不少人都对自己的薪资不满意。而这种情况一般有两种表现，一种表现为"这山望着那山高"，一方面对自己抱有很高的期望值，另一方面对市场行情的认识却不足，从而使得自己拿到的薪资总是和自己的期望值有落差；另一种表现为"失衡"，总感觉自己在工作中的付出和收入不成比例，认为自己未得到应有的酬劳。

案例分享 >>>

付出与收入"失衡"

孙先生今年 30 岁，多年前从某职校计算机硬件维护专业毕业。这些年他一直在某互联网公司工作。孙先生是这么形容自己的工作的，"上到高科技，下至挖泥土，都是我一个人包办的，还要兼职司机、采购、新人培训等，可以算得上公司的顶梁柱。"然而与孙先生的忙碌不符的是他的月收入，只有区区 4000 元，更没有其他福利待遇，有时甚至不能按时发工资。

最近他有点心灰意冷，因为他多次向公司提出涨工资并准时发放工资，都未得到公司回应。加上家里也经常给他压力，认为他赚钱少没出息，时间一久，他连做最喜欢的工作也提不起劲来了。但是他又不敢逼老板太急，害怕丢了这份工作，打官司又耗不起时间、金钱和精力，孙先生感觉自己很无助。

（三）职场"过劳"

武汉科技大学劳动经济研究所所长张智勇及其团队曾做过职场行为与疲劳状况的相关调查。调查结果显示，超过八成的劳动者承受着一般或更高的精神压力和身体压力，处于过劳状态。

另外，一般而言，在职场中，越往上晋升责任越大，待遇越高，但压力也随之增大。这使得不少人经常感觉非常疲劳。

案例分享 >>>

马 不 停 蹄

李女士说，她上一份工作是在某贸易公司担任总经理助理的职务。当时的老板在圈子里是有名的经理人，但也是个有名的"工作狂人"，他总是不断地发电子邮件给她，要求她完成这样、那样的工作。

从试用期开始，李女士就不断加班，经常是早上上班一打开电脑，就会看到老板凌晨好几点给她发来的邮件，要求她必须在当天完成哪些工作。所以，李女士的工作日总是在到处奔忙地赶任务，一年下来，李女士觉得自己的身体完全超出了负荷。

（四）职业倦怠

一般认为，职业倦怠是个体不能顺利应对工作压力时的一种极端反应，是个体在长期压力下而产生的情感、态度和行为的衰竭状态。

职业倦怠又称职业枯竭，常表现出来的症状有没有活力，没有工作热情，感到自己的情感处于极度疲劳的状态；刻意在自身和工作对象间保持距离，对工作对象和环境采取冷漠、忽视的态度，对工作敷衍了事；倾向于消极地评价自己，工作能力体验和成就体验下降，认为工作不能发挥自身的才能。

（五）职业转型"阵痛"

有很多职场人，在工作几年后，觉得现在的职业并不适合自己，于是希望改变一下职业，转型问题便由此产生。当一个人不得不放弃从事多年的工作，而转向另外一个行业或者工种类型时，都会产生各种困惑和疑虑。这就是所谓的职业转型"阵痛"。

课堂讨论

在当今社会中，有很多年轻人都喜欢频繁地换工作，你如何看待这一现象？

（六）工作缺乏安全感

工作安全感是指一个人在工作中获得的确定感和可控感，是工作中渴望稳定的心理需求被满足后的感觉。一般情况下，缺乏职场安全感主要有如下几种原因：自身业务水平无法达到职位需求而缺乏安全感；自身努力得不到用人单位的肯定而缺乏安全感；岗位流动大，竞争激烈而缺乏安全感；劳动过程中得不到应有的保障而缺乏安全感。

案例分享 >>>

没有保障的"陀螺"

张女士，某医院一名临床护士。医院临床工作任务繁重，要求苛刻，还需应付形形色色的检查和考核。自从踏上岗位那天起，张女士就像是一个被人不断抽打的陀螺，有时感觉大脑几乎跟不上工作节奏了。

但是，由于医院管理粗放，制度不完善，从而导致一些管理者随心所欲，完全凭主观意识判定职工的工作优劣，这使得她所在医院的一众一线人员的工作积极性倍受打击、心理压力陡增。因此，很多人都选择了离职。

后来，医院医务人员的力量甚至薄弱到不能维持基本要求的地步。由于保障措施缺乏，加之工作负担沉重，使得张女士的工作安全感越来越差，渐渐地，她感到自己已不堪重负，也开始考虑换一个工作了。

三、应对职业发展中心理冲突的方法

（一）了解企业或单位的发展战略

只有充分了解企业或单位的发展战略，才能对企业或单位的发展充满信心，也会找到自己的定位和今后的努力方向，这样个人目标和企业或单位的目标就会融合在一起，个人才能沉淀下来，与企业或单位共同成长。

因此，对于初入职场的毕业生应该多和领导沟通，深刻认识到企业或单位的发展前景，不要把眼光只局限于目前的规模、知名度及眼前利益等方面。然后，坚持下去，在工作中认真学习，积累经验，积累人脉，争取在较短的时间内获得必要的工作经验和人脉资源，出色地完成本职工作。

（二）认识自己的工作岗位

对一个岗位的理解和洞察需要时间的积淀。在没有全面熟悉自己的工作，没有跟周围的同事与环境完全融入的情况下，不要急于求成。而应放平心态，沉淀下来，踏踏实实地干一段时间，成为企业或者单位大家庭中的一员，为自己搭建一个良好的人际平台，也有利于今后工作的开展。当真正地融入企业或单位后，也许会发现目前所做工作的乐趣和意义。如果工作表现确实出色，会得到领导的肯定，也会让你从事更多更重要的工作岗位。

（三）放正心态，虚心请教

无论是否有工作经验，在进入到一个新的工作环境时，都有很多东西需要去学习。作为新入职员工，一定要尊重企业的老员工，并与他们多沟通，向他们多请教。此外，遇到问题时一定要多分析、多思考，分析问题的根源，总结以后遇到类似问题时的解决方法和解决思路，从而形成自己的方法论。

（四）处理好同事间的人际关系

建立良好人际关系的第一步就是要从自身做起，要积极主动地去和老员工沟通，从而使自己在最短的时间内成为公司这个大家庭中的一员，并体会到和大家相处的快乐。应尽量避免让自己卷入到人际关系的斗争中，而且一旦被卷入到斗争的圈子里，最好的办法是装聋作哑，然后抽身而出。

课后实践

职场压力社会调查

以 4～6 人为一组，设计一份简单的问卷，针对职场压力进行一次社会调查活动，了解职场人一般的压力来源，以及在面对职场压力的时候，各位职场人会如何应对。分析调查结果，然后写一份调研报告（500 字左右）。

第二课　职业生涯规划科学评价

一、对职业生涯成功的不同理解

一般来说，职业生涯成功首先是要达到一定的职业发展目标。对个人来说，成功实际上就是一个人设定了某种发展方向和目标，在经过努力之后取得了成果，达到了自己预想的目标。诚如美国作家梭罗所说："人为成功而生，非为失败而生。"要引领你的职业生涯走向成功，必须认清符合你自己的成功观，即你的职业目标。只有这样，我们才能够向着职业成功的道路正确前进。

扫码阅读

其次，成功是得到外部的认同。成功，不是一个人自我认识、自我评价的内容，而是有着社会评价特征的结果。通常人们在从事某项活动后的成功，要体现在多种具体的结果上，包括成绩、获奖、知名度等。这些结果都属于社会存在，是按照社会标准给予的，是人在特定的社会环境和组织环境中达到的突出地位，或具有突出的结果。

再次，成功是满足高层次的心理需求。就成功者的心理来说，成功既得到了社会的认同又达到了个人的目标，这就满足了马斯洛需求层次中较高的"受尊重"和最高的"自我实现"的需求。

课堂讨论

"我"的成才观探索

大家想了解自己的人才观和成才观吗？请完成下列句子。

我认为 _____，
就是成功了。

我认为只有 _____的人才是成功的人。

如果我没有（不能） _____，我
就没有成功。

讨论：在大家完成了上述句子之后，在支持小组内互相传阅，谈谈彼此
对成才理解和

认定是否正确，讨论怎样的成才观才是正确的？

二、评价职业生涯成功的不同价值取向

事实上，职业生涯成功的含义因人而异，具有很强的相对性，不同的人
对职业生涯的成功有不同的观点。

从现实来看，职业生涯成功的标准与方向具有明显的多样性。目前大家
共识的有五种不同的职业生涯成功方向：

进取型——达到集团和系统的最高地位，视成功为升入企业或职业的较
高阶层。

安全型——追求认可、工作安全、尊敬和成为"圈内人"，需要长期的
稳定和相对不变的工作。

自由型——在工作过程中得到最大的控制而不是被控制。

攀登型——得到刺激、挑战、冒险和"擦边"的机会。

平衡型——在工作、家庭关系和自我发展之间取得有意义的平衡，以使
工作不至于变得太耗精力或太乏味。

三、了解职业生涯发展的评价要素

（一）是否符合国家需要和奉献社会

从职业的存在到岗位的确定，都应以符合国家需要和奉献社会为评价职
业生涯规划的最高标准。作为即将步入社会的中职生，我们应该善于把握国
家需要、社会发展趋势，了解所学专业在社会上的需求形势、社会发展对自
身发展的影响等。

（二）个人专业技能是否与职业相结合

专业技能是职业选择、职业发展的基石，只有具备丰富的专业知识和扎实的技能基础，个人的职业发展空间才会很大，职业之路才会越走越远、越走越宽。

（三）是否可以挖掘个人的职业优势

要想保证职业生涯的持续发展，就应当最大限度地挖掘并充分利用各种职业优势，综合各种职业资源。每个人所拥有的职业优势是不同的，如家庭背景、区域文化、社会关系等。我们要学会找到自己的职业优势，以促进自己职业生涯的成功。

案例分享 >>>

发掘长处，利用长处

小文是某职业学校艺术设计专业的学生，她在校时给自己制订的发展目标是从平面设计员开始，往一流的电脑美术设计师的方向努力。由于性格外向，小文还特别注重性格的调适，以适应平面设计师的职业需要。父母对她的规划很满意，认为这是一份很适合她的工作。

毕业时，小文如愿去了一家报社广告部做起平面设计的工作。小文为自己顺利迈上规划中的第一个台阶而高兴，在自己的岗位上工作非常认真。可是刚干了一年多，报社由于急需拓宽广告市场，让小文改做广告业务。

小文反复斟酌，觉得虽然广告业务不同于广告设计，面对的是人，但自己性格外向、独立性强，而且有广告设计的底子，联系业务时能领会广告客户的意图，一定能比不懂艺术设计的人有优势。如果再具有广告业务的经历，能更好地揣摩客户需求，对将来成为一流的电脑美术设计师肯定也很有帮助。

之后，小文不但愉快地走上了新岗位，而且当年就经手广告业务600多万元，成了报社里小有名气的人物，个人收入也得到了很大的提高。

四、评价自己的职业生涯规划

(一) 评价职业生涯规划的意义和依据

1. 意义

评价职业生涯规划是为了更充分地认识自己的规划，反省自己的规划。评价其是否具有现实性，是否具有激励性，各规划环节和整体质量产出情况，从而为调整职业生涯规划提供依据，进一步发挥职业生涯规划对自身发展的实际激励作用，进一步完善职业生涯规划。

2. 依据

中职生在评价自己的职业生涯规划时，要始终围绕规划能否促进职业生涯的可持续发展来进行。在具体操作时，应从以下两个方面来把握：

第一，要有现实性。主要体现为长远目标和近期目标是否适合自己，制订的措施能否落实，能否让自己不断地品尝成功的喜悦。也就是说，职业生涯规划必须具有可操作性，且有实现的可能。

第二，要有激励性。主要体现为阶段目标和发展措施能否不断激励自己奋力拼搏、奋发向上，能否督促自己珍惜时间、养成良好的习惯，能否不断增强自己实现发展目标的自信心。

智慧之光

缺乏理想的现实主义是毫无意义的，脱离现实的理想主义是没有生命的。

——罗曼·罗兰

(二) 评价职业生涯规划的方法和形式

1. 方法

评价自己的职业生涯规划主要从以下两个角度来进行：

第一，按职业生涯规划的设计过程，即发展条件、发展目标、发展台阶、发展措施，全面审视各环节的现实性和激励性。

第二，重点检查自己的近期目标与发展条件的匹配程度，以及近期目标的成功概率和实现近期目标措施的可行性，即检查与职业生涯发展的职业准

备期、职业选择期、职业适应期有关的目标、措施的现实性和激励性。

2. 形式

评价职业生涯规划的方式主要有三种：学生自主评价、小组或班级的集体评价、具有导向性的教师评价。

(1) 自主评价

自主评价是评价职业生涯规划的基础。本人要根据职业生涯规划的设计环节，即发展条件、发展目标、发展台阶、发展措施等评价各环节的现实性和激励性。

(2) 集体评价

集体评价是完善职业生涯规划的保证。俗话说：当局者迷，旁观者清。小组或班级的集体评价，可以帮助我们更好地认识自己，认识自己的规划。

案例分享 >>>

"晒晒""我"的职业生涯设计

学文秘专业的小敏，制定了一份由打字员起步，以办公室文员的职位过渡，努力成为高级文秘或行政助理，向行政主管转型的职业生涯设计。她在实现近期目标的计划中，不但有提高打字的速度和熟练使用各种办公软件以及提高传真、装订档案之类现代化办公用具的效率指标，而且还针对今后的晋升、转型的需要，制定了提高文字功底、英语水平的计划和考取文秘职业资格证的时间表。除此之外，小敏专门就提高组织能力、协调能力、沟通能力、执行能力、判断能力、应变能力和亲和力、责任心方面，制定了训练措施。

在小组讨论她的设计时，同学们首先从现实性的角度，肯定了小敏的近期目标和长远目标。认为，从当前看中职生从事打字员的机会很多，从长远看有学文秘专业的底子，有机会成为高级文秘、行政主管。其次，同学们十分赞赏小敏设计的激励性，认为无论阶段目标、长远目标，还是近期目标的措施，既具体、可操作，又富有挑战性。大家最欣赏小敏的能力训练计划，觉得这些能力是做高级文秘、行政主管必备的素质，而不仅仅取决于打字的速度。同学们建议小敏，在能力训练计划中，再加上会议管理能力、项目策划能力、时间管理能力、心理承压能力等。小敏很感谢同学们的评价，并向大家提出了监督自己执行计划的希望。

（3）教师评价

教师评价具有导向性，可以作为修改职业生涯规划的依据。

如果一个人能在这三种评价方式中都得到良好的评价，那么，他的职业生涯规划就是成功的。

课后实践

毕业 10 年后相会

以"毕业 10 年后相会"为题进行表演。具体说明如下。

1. 布置表演的场景。

2. 全体同学参加表演，每位同学的表演要反映出自己 10 年后的职业生活。

3. 教师作为观众，对本次表演做出评价，并对他们的职业生涯做出评价。

第三课　生涯规划与时俱进

一、调整职业生涯规划的必要性

规划调整的必要性主要有以下几点。

（一）职业要求不断变化的需要

在科学技术飞速进步时期，新技术的运用和新工艺的推广，都对从业人员的要求发生变化。有一些人通过努力会逐渐适应职业要求发生的变化，但也会有一些人因为工艺技术的革新不能适应或不符合个人的发展目标而导致职业的流动，主动转变职业发展方向。

扫码阅读

（二）环境因素不断变化的需要

一个人所处的环境不是一成不变的，学生在学校会存在师生关系、同学关系，当我们在就业后又将存在着组织关系、经济关系等，而这些因素都在不断发生变化，这些变化必然会对人们的心理目标产生严重影响，要根据自身所处的环境需要进行适时调整。

（三）个人因素不断变化的需要

人是在变化中生存，也在变化中发展，包括成绩、知识、阅历、经验，也包括能力、性格、兴趣，还包括经济状况、家庭条件、身体素质和价值取向，等等。所有这些变化都会对我们的阶段计划和发展目标产生深刻影响，要适时对目标进行调整。

俗话说："计划赶不上变化。"我们在生活中影响职业生涯与发展的因素很多，要使职业生涯行之有效，充分适应个人发展需要就必须不断地根据主、客观因素对规划进行调整和完善。在调整中要特别注意选择最佳时期、运用有效的步骤和方法，取得最佳的调整效果。

案例分享 >>>

找到适合自己的位置

小琳从一所职业学校酒店管理专业毕业后，在当地的一家四星级酒店公关部工作。由于性格内向、不善言辞，她与其他口齿伶俐的同事相比很不起眼。但她踏实肯干，认真对待自己的每一项工作，四年后，她被升为公关部经理。

公关部经理的工作杂、要求高、应酬多，性格内向的她感到压力很大，觉得很多时间、精力都花在了无意义的事情上。渐渐地，她对这份工作产生了前所未有的厌烦。

于是，小琳根据自身条件和职业生涯机会重新进行了评估。她认为目前的职位虽然不是自己喜欢和擅长的，但自己仍然喜欢在这家酒店工作。同时，自己认真负责的工作态度也得到了领导的认可。于是，她找机会向领导说明了自己的处境和期望，坦言公关部经理不适合自己的理由，让老板帮助自己找一个符合自己特点的位置。

现在，她在酒店担任质检部经理，并利用业余时间进修了沟通与管理方面的课程。领导对她的工作很满意，她自己也干得游刃有余，越来越自信。

智慧之光

时代是继续不断地前进的，我们必得参加现代在生活里面，与时代俱进，才能做一个长久的现代人。

——陶行知

二、调整职业生涯规划的最佳时机

在职业生涯发展过程中，会存在各种机遇和挑战。因此，在对职业生涯规划进行调整时，应当注意把握好最佳时机。调整职业生涯规划有两个最佳时机，一是毕业前夕，二是工作后三至五年。

（一）毕业前夕

中职生调整职业生涯设计的第一个最佳时期是毕业前夕，根据实训中和求职过程中的体验，依据就业市场供需实际，对职业生涯设计进行调整。这次调整，既可着重于近期目标和其他阶段目标的调整，也可以对长远目标进行调整。

（二）工作后 3～5 年

这时已经有了一定的从业经验，如果顺利适应职业，完成角色转换，在本行业内站稳脚跟乃至开始晋升，就应坚持原定的发展方向，进一步完善原有的发展措施；如果发现原定设计与实际不符，就应重新审视自己，重新分析发展环境，在实事求是地认识自己的基础上，修正发展目标甚至调换发展方向。

课堂讨论

请根据表 6-1 反省与调整自己的职业生涯设计。

表 6-1　职业生涯设计的反省与调整

调整时段	评估调整内容			调整理由
	职业目标评估与调整	职业方向与路线评估与调整	实施措施评估与调整	
毕业前				
第 3～5 年				
第 10 年				

三、调整职业生涯规划的步骤

调整职业生涯规划是在重新评估自身条件和职业生涯机会的基础上进行

的，一般遵循以下几个步骤。

（一）重新评估自身条件

重新评估自身条件是通过"我能干什么"的自我审视，来掌握自身条件的变化和职业实践的检验结果，从而判断自己的职业素养是否符合当前所从事的职业。

对于初次制订职业生涯规划的中职生来说，首先应分析发展条件，然后再确定发展目标，以避免因涉世未深而眼高手低。对于已有求职实践或从业实践的中职毕业生来说，调整职业生涯规划通常先从发展目标着手，然后再重新评估当前的自身条件，这样才能检验初定目标是否符合实际。

（二）重新分析发展机遇

随着家庭、行业以及社会经济条件的不断变化，我们需要围绕新的目标，对当前经济社会的发展趋势进行分析，包括所从事的职业在目前与未来社会中的地位，社会发展对自身发展的影响、自己所在企业的内外环境以及个人的人际关系等方面。

智慧之光

人生成功的秘诀是当好机会来临时，立刻抓住它。

——狄斯累利

（三）修改职业生涯发展目标

修改职业生涯发展目标，应该着重分析发展目标的价值取向。已有求职实践或从业实践的毕业生，与缺乏求职、从业实践的在校生相比，发展目标的价值取向不再是虚拟的、理论的，而是实在的、务实的。实在的、务实的价值取向，对于修改职业生涯发展目标或阶段目标，是十分有益的。在取得求职或从业实践经验的基础上，对原有的价值取向进行深刻的反思，是职业生涯目标修改的重要保证。

（四）修改职业生涯发展措施

重新确立职业生涯发展目标，需要重新制定一份发展措施。反省原规划中发展措施的针对性、实效性，回顾自己对原规划中发展措施的落实情况，既有利于新措施的修改，也有利于新措施的落实。这种反省和回顾，不仅是调整职业生涯规划的需要，也是自我管理能力提高的过程。

案例分享 >>>

李佳琦的职业生涯

提到李佳琦，很多人可能会想到他夸张的"OMG""买它！买它！"无论什么化妆品，只要他在直播里推荐，很多人都会不假思索地去尝试、去种草。

1992 年，李佳琦在湖南省岳阳市出生，2011 年考入南昌大学艺术与设计专业，后多次在所学专业的化妆课程中拿到优异的成绩。因为一直对化妆品感兴趣，大三的时候，学校课程比较轻松，闲下来的李佳琦就到外面去找美妆相关的兼职做。

在 2015 年大学毕业后，积累了一些经验的李佳琦顺利当上了江西省南昌市的一名欧莱雅 BA（化妆品专柜美容顾问）。因为大多数顾客并不愿意直接试色柜台的样品口红，他开始尝试用自己的嘴巴为顾客试色，多次获销冠称号。

2016 年初，因为一个偶然的机会，李佳琦被公司选上去做美妆直播，并承诺每个月直播满 6 个小时就给他多发 6000 块。为了多赚这 6000 块，李佳琦开始走上了直播的道路。第一次直播的时候，他为直播的选品、文案和其他工作准备了一晚上，靠自己一个人撑起了一整场直播。

2016 年底，网红机构美 ONE 提出"BA 网红化"，随后欧莱雅集团与美 ONE 一拍即合，尝试举办了"BA 网红化"的淘宝直播项目比赛。作为 BA 中销冠的李佳琦获得了参赛资格，随后凭借出色的能力在比赛中脱颖而出，最终签约美 ONE 成为一名美妆达人。

2017 年，李佳琦做了一次口红专场直播，5 个小时把十多个品牌的 380 支口红全部在嘴上试涂了一遍，整场直播下来，他的嘴唇麻木到了没有知觉，只有吃饭的时候可能感受到烫。幸好这场直播卖出了 23 000 单，成交额达 353 万，从此他开始小有名气。

但是他仍然不满足，他对老板说，他给自己定了一个目标，如果拿不到 TOP 主播，就不做主播了。于是他开始全年无休，一年 365 天他开了 389 场直播。每天直播 6 个小时，从晚上七点开直播到凌晨一点，中间没有休息。直播结束后还要开总结复盘会，今天什么商品卖得好，什么卖得不好，都是因为什么原因，之后怎么改进。完成这些后，每天睡觉的时候已经是第二天早上四点了。

通过他的坚持与努力，他将粉丝涨到了 1000 万，成功拿到了 TOP 主播。随后，他被江苏师范大学聘为淘宝写作与传媒课程讲师。同年 9 月，受邀担任雅加达亚运会火炬手。2017 年年底，在接受媒体采访时，被问及月收入，他坦言，最高能有七位数。

2018 年 9 月，李佳琦成功挑战"30 秒涂口红最多人数"的吉尼斯世界纪录，成为涂口红的世界纪录保持者，自此被誉为"口红一哥"。同年淘宝"双十一"，李佳琦在直播间和马云 PK 卖口红，最后的结果就是马云卖出了 10 支口红，而李佳琦卖了 1000 支口红，获得了胜利。

截至 2019 年 6 月，李佳琦全网粉丝已近 5000 万。2019 年 10 月 17 日，李佳琦入选 2019 福布斯中国 30 岁以下精英榜。2020 年 6 月 23 日，李佳琦作为 2020 年第一批特殊人才引进落户上海。

尽管已经算是极具影响力的公众人物，但李佳琦仍然没有停下他在美妆这个领域的脚步。因为他说，"你休息的时候别人没有休息，他就会比你更好，所以不能让自己停下来。只要你坚持做一件事情，用心做一件事情，就一定会有回报。"

2020 年，李佳琦仍然是"口红一哥"，也仍然在继续往前走。

（资料来源：新京报官微. 2020 年 5 月 14 日。）

课后实践

关于规划目标准确性评估和调整的练习

1. 活动目标

(1) 掌握基本的评估方法，评估个人规划目标的准确程度；

(2) 结合自己的实际，对规划做出的目标进行调整。

2. 活动内容

(1) 拿出纸和笔，把纸左右对折；

(2) 在纸的左侧列出你想从事的所有职业；

(3) 在纸的右侧列出你 2～3 年后可能得到的就业机会和升学机会；

(4) 找出左右两列相关的职业，将二者用线连接起来。

3. 讨论

(1) 看看左右两边你列出的职业各有多少？想想这些职业都适合你吗？

将来可能出现影响你选择职业的因素有哪些？

（2）在你的生涯道路上你现在走到了哪里？下一步该做什么？

（3）你目前在规划目标的实施中遇到了哪些问题和困难？分析产生的原因？

（4）联系你对个人主客观条件的分析，结合书中关于调整目标的方法，谈谈你的调整意见。

参 考 文 献

［1］钱景舫．生涯规划［M］．上海：华东师范大学出版社，2005.

［2］李增秀．职业生涯规划［M］．成都：电子科技大学出版社，2010.

［3］马力，刘康宁，沈万红．职业生涯规划［M］．杭州：浙江工商大学出版社，2016.

［4］郭汉祥，庞志．就业指导［M］．武汉：武汉大学出版社，2014.

［5］马莹．就业指导与创业教育［M］．上海：立信会计出版社，2006.

［6］高小黔．心理健康教育［M］．成都：四川大学出版社，2015.

［7］王换成，付洪涛．心理健康教育［M］．长春：东北师范大学出版社，2014.

［8］郝英，游向宇．心理健康教育［M］．北京：中央广播电视大学出版社，2013.

［9］郑美群，李洪英．职业生涯管理［M］．2版．北京：机械工业出版社，2017.

［10］卢志鹏．职业生涯规划与就业指导［M］．北京：经济科学出版社，2008.